U0492454

重庆工商大学"资本市场财务与会计科研团队"成果

制造企业服务化与绩效关系研究
——基于商业模式视角

何 帆 ◎著

中国财经出版传媒集团
经济科学出版社
Economic Science Press

图书在版编目（CIP）数据

制造企业服务化与绩效关系研究：基于商业模式视角/何帆著.—北京：经济科学出版社，2020.12
（资本市场会计研究丛书）
ISBN 978-7-5218-2251-9

Ⅰ.①制… Ⅱ.①何… Ⅲ.①制造工业-工业企业管理-研究-中国 Ⅳ.①F426.4

中国版本图书馆 CIP 数据核字（2020）第 264427 号

责任编辑：孙丽丽　纪小小
责任校对：靳玉环
版式设计：陈宇琰
责任印制：范　艳

制造企业服务化与绩效关系研究：基于商业模式视角
何　帆　著
经济科学出版社出版、发行　新华书店经销
社址：北京市海淀区阜成路甲28号　邮编：100142
总编部电话：010-88191217　发行部电话：010-88191522
网址：www.esp.com.cn
电子邮箱：esp@esp.com.cn
天猫网店：经济科学出版社旗舰店
网址：http://jjkxcbs.tmall.com
北京季蜂印刷有限公司印装
710×1000　16开　13印张　200000字
2021年5月第1版　2021年5月第1次印刷
ISBN 978-7-5218-2251-9　定价：52.00元
（图书出现印装问题，本社负责调换。电话：010-88191510）
（版权所有　侵权必究　打击盗版　举报热线：010-88191661
QQ：2242791300　营销中心电话：010-88191537
电子邮箱：dbts@esp.com.cn）

摘 要

改革开放以来，我国制造业取得了不俗成就，但在核心技术、价值链地位、利润水平、服务产出等方面与世界工业强国仍有一定差距，亟待变革传统发展模式。制造企业服务化是从单一产品生产向生产与服务深度融合发展模式转变的新兴战略，已成为传统制造企业解决微利困境、培育新竞争优势的重要路径。为解决一般制造企业微利困境和高质量发展问题，我国政府在《中国制造2025》《2016年政府工作报告》《发展服务型制造专项行动指南》等文件中明确提出传统制造业向服务型制造业转型的建议。在市场需求和政策利好的双重推动下，越来越多的制造企业开展了服务化探索，并涌现出一批成功实施服务化战略的制造企业。从商业模式角度看，制造企业选择不同的服务化模式，意味着产品与不同服务业务实现差异化组合，其有机会以服务方式融入开发、设计、物流、售后、运营等各价值链环节，带来资源配置、价值主张、利润创造变化，相应效果也会有所不同，但现有文献却鲜有涉及。因此，从商业模式视角来探讨制造企业服务化经济后果是一个值得研究的现实与学术话题。

本书选取2008~2017年上海证券交易所、深圳证券交易所（以下简称"沪深两市"）A股主板制造业上市公司作为研究对象，主要以知识基础理论、企业能力理论、竞争优势理论、顾客锁定理论、资产专用性理论、价值共创理论等为理论基础，在参考前人以自营视角对服务化模式划分的基础上，梳理出知识性、产品延伸性、外包性三种主要服务化模式，按照《经营范围变更公告》《财务报告》《国民经济行业分类标准》等综合判定方式，手工收集和整理了实施不同服务化模式的制造企业样本。同时，采用固定效应模型（FEM）、Heckman两阶段估计、动态面板GMM估计、分组检验等多种实证方法，从较新的商业模式视角考察三种服务化模式经济后果及内在机制。通过研究，本书主要得出以下结论：

第一，不同服务化模式产生差异性经济后果。通过考察梳理出的三种服务化模式经济后果，知识性服务化模式能够显著增强制造企业的财务业绩与市场业绩，更支持服务化"业绩促进观"；产品延伸性服务化模式显著弱化了制造企业的财务业绩与市场业绩，更支持"服务悖论观"；外包性服务化模式则显著增强了制造企业的财务业绩与市场业绩，更支持"业绩促进观"。上述研究结论有助于回答既往文献对制造企业服务化研究结论不一致的问题，即一概而论地探讨制造企业服务化并不合理，不同服务化模式对微观企业业绩产生了不同影响。

第二，服务化模式的经济后果受到终极控制人与市场化程度影响。相较国有企业，非国有制造企业的政策负担更小、经营目标更明确，其对知识性服务化模式和外包性服务化模式实施的业绩提升作用更明显，而国有企业对产品延伸性服务化模式实施的业绩弱化作用则更显著；相较东部地区，非东部地区商业环境不及前者，且市场化程度整体不高，东部制造企业实施知识性服务化模式及外包性服务化模式的业绩提升作用更明显，而其他地区企业实施产品延伸性服务化模式对业绩的弱化作用更显著。

第三，要素结构对服务化模式的经济后果存在机制效应。经理论分析与实证检验，知识性服务化模式通过改变知识要素结构来提升制造企业财务业绩与市场业绩；产品延伸性服务化模式通过影响劳动要素结构来弱化制造企业财务业绩与市场业绩；外包性服务化模式通过优化资本要素结构来强化制造企业财务业绩与市场业绩。

第四，时间因素对服务化模式经济后果产生不同影响。基于时滞效应检验，知识性服务化模式对业绩的影响较持久；产品延伸性服务化模式、外包性服务化模式对业绩的影响随时间推移而减弱。进一步讲，知识性服务化模式在T+1期和T+2期显著提升了财务业绩和市场业绩；产品延伸性服务化模式及外包性服务化模式在T+1期对财务业绩和市场业绩产生显著影响,但在T+2期却不显著。

第五,经济周期因素对服务化模式经济后果产生不同影响。基于经济周期检验,在经济扩张期,市场需求更为旺盛,其对实施知识性服务化模式与外包性服务化模式的财务业绩与市场业绩的提升作用更明显。而在经济紧缩期,货币供应减少、筹资成本上升、消费增速放缓,其对外包性服务化模式财务业绩与市场业绩的弱化作用更显著。

第六,服务化状态因素对服务化模式经济后果产生不同影响。按照制造企业服务化状态不同,将之划分为"一直实施"和"间断实施"两类。基于不同服务化状态的检验,连续实施知识性服务化模式和外包性服务化模式对财务业绩和市场业绩的促进作用更显著;而持续的产品延伸性服务化行为会弱化制造企业财务业绩,但不会显著影响市场业绩。

根据以上研究结论,本书从行业层面和企业层面提出了相应政策建议。行业层面,应加快制造行业转型升级步伐,促进生产与服务融合发展。通过营造良好发展环境,以活跃的市场推动制造业服务"外部化",同时注重不同服务化模式经济后果,开展服务化模式行业试点示范。企业层面,应加大知识性服务化模式的应用推广,以知识要素促进业绩提升。谨慎实施产品延伸性服务化模式,避免陷入"服务悖论"怪圈。积极探索外包性服务化模式,提高核心业务资源配置效率。

本书的学术贡献主要体现在:(1)以往文献多从国家、行业层面考察制造企业服务化的经济后果,但对制造企业服务化模式经济后果的考察较少。本书尝试对制造企业服务化模式的经济后果进行大样本经验研究,为服务化模式及其经济后果研究提供了新的经验证据。(2)本书针对学者提出的非自营服务化模式识别欠缺问题,考虑了外包因素,将外包服务化模式纳入识别范围,丰富了制造企业服务化模式的研究文献。(3)有别于宏观及中观研究,本书进一步从微观机制角度考察制造企业服务化模式不同经济后果的作用机理,深化和拓展了服务化模式作用机制的研究。(4)针对制造企业服务化悖论的争议,本书从商业模式异质性视角研究制造企业服务化的经济后果,为充分理解制造企业服务化经济后果争论提供了新的解释和证据。

　　本书关于中国后工业化时代制造企业服务化模式经济后果的研究结论，具有较重要的借鉴意义，应用价值主要体现在：（1）为加快制造业服务化转型提供方向与效果参考；（2）为制造企业破解微利困境和走向价值链高端提供可行路径；（3）从选择服务化模式角度为解决我国产能过剩和处理"僵尸企业"问题提供新思路；（4）为供给侧结构性改革及《中国制造2025》中倡导的服务化转型提供经验证据。

Abstract

Since the reform and opening up, China's manufacturing industry has made great achievements, but there is still a certain gap between China and the world's industrial powers in terms of core technology, value chain status, profit level, service output, etc., which needs to change the traditional development mode. The service-oriented mode is a new strategy from single product production to deep integration of production and service. It has become an important path for traditional manufacturing enterprises to solve the problem of low profit and cultivate new competitive advantage. In order to solve the problem of low profit and high-quality development of general manufacturing enterprises, the Chinese government clearly put forward suggestions on the transformation from traditional manufacturing industry to service-oriented manufacturing industry in documents such as "Made in China 2025", "2016 Government Work Report", "Special Action Guide for Developing Service-oriented Manufacturing". Driven by market demand and favorable policies, more and more manufacturing enterprises have carried out service-oriented exploration, and a number of manufacturing enterprises have successfully implemented service-oriented strategy. From the perspective of business model, manufacturing enterprises choose different service models, which means that products and different service businesses realize differentiated combination. They have the opportunity to integrate into the development, design, logistics, after-sales, operation and other value chain links in the way of service, bringing about changes in resource allocation, value proposition, profit creation, and corresponding results will be different. However, the existing literature is rarely involved. Therefore, it is a practical and academic topic worth studying to discuss the economic consequences of manufacturing enterprises' service from the perspective of business model.

This paper selects listed companies of A – share main board manufacturing industry in Shanghai and Shenzhen stock markets from 2008 to 2017 as the research object, and mainly based on knowledge-based theory, enterprise capability theory, competitive advantage theory, customer lock-in theory, asset specificity theory, value co creation theory. On the basis of the division of business mode from the perspective of former self operation, this paper combs out the knowledge service mode, product extension service mode and outsourcing service mode. According to the comprehensive judgment method, we collected and sorted out the samples of manufacturing enterprises implementing different service-oriented models by hand, and examined the economic consequences and internal mechanism of three service-oriented models from the perspective of business model heterogeneity. At the same time, the Fixed Effect Model Estimation (FEM), Heckman two-stage estimation, dynamic panel GMM estimation, grouping test and other empirical methods are used to investigate the economic consequences and internal mechanism of the three service-oriented models from a new perspective of business model heterogeneity. Through the research, this paper mainly draws the following conclusions:

Firstly, different service models have different economic consequences. By examining the economic consequences of the three service-oriented modes, the knowledge-based service-oriented mode can significantly enhance the financial performance and market performance, which supports the "performance promotion concept". The model of product extension service weakens the financial performance and market performance, which supports the "service paradox". Outsourcing service mode has significantly enhanced financial performance and market performance, which supports the "performance promotion concept". The above conclusions are helpful to answer the question that the previous service research conclusions are inconsistent, that is to say, it is unreasonable to discuss the service of manufacturing enterprises in a general way, and different service models have different effects on the performance of micro enterprises.

Secondly, compared with the state-owned enterprises, the non-state-owned manufacturing enterprises have less policy burden and more clear business objectives, and play a more significant role in improving the performance of the implementation of knowledge-based service mode and outsourcing service mode. However, the implementation of product extension service model in state-owned enterprises has significantly weakened the performance. Compared with the eastern region, the commercial environment of the non-eastern region is not as good as the former, and the degree of marketization is not high as a whole. The implementation of knowledge-based service mode and outsourcing service mode in eastern manufacturing enterprises play more significant role in improving performance, while the implementation of product extension service mode in other regions plays a more significant role in weakening performance.

Thirdly, the service-oriented model affects the economic consequences by changing the structure of factors. Through theoretical analysis and empirical test, the mode of knowledge service improves financial performance and market performance by changing the structure of knowledge elements. The model of product extension service weakens financial performance and market performance by influencing the structure of labor factors. Outsourcing service model strengthens financial performance and market performance by optimizing capital element structure.

Fourthly, the time factor has different effects on the economic consequences of the service model. Based on the time-lag effect test, the knowledge-based service model has a long-lasting impact on performance. The influence of product extension service mode and outsourcing service mode on performance weaken with the passage of time. Furthermore, the knowledge-based service mode significantly improved financial performance and market performance in T + 1 and T + 2 periods. In the T + 1 period, the model of product extension service and outsourcing service has a significant impact on financial performance and market performance, but the above impact is not significant in the T + 2 period.

Fifthly, the economic cycle factor has different effects on the economic consequences of the service-oriented model. Based on the economic cycle test, in the period of economic expansion, the market demand is more vigorous, which plays a more significant role in promoting the financial performance and market performance of the implementation of knowledge-based service mode and outsourcing service mode. During the period of economic contraction, the money supply decreased, the cost of financing increased and the growth of consumption slowed down. During the period of economic contraction, the weakening effect of financial performance and market performance of outsourcing service mode is more significant.

Sixthly, the service state factor has different effects on the economic consequences of service mode. According to the different service status of manufacturing enterprises, it can be divided into "always implement" and "discontinuous implement". Based on the test of different service status, the continuous implementation of knowledge service mode and outsourcing service mode hve more significant role in promoting financial performance and market performance. The continuous product extension service behavior will weaken the financial performance of manufacturing enterprises, but will not significantly affect the market performance.

According to the above conclusions, this paper puts forward the corresponding policy recommendations from the industry level and the enterprise level. At the industry level, the transformation and upgrading of manufacturing industry should be accelerated to promote the integration of production and service. By creating a good development environment, we can promote the "externalization" of manufacturing services with an active market. At the same time, pay attention to the economic consequences of different service-oriented models, and carry out pilot demonstration of service-oriented model industries. At the enterprise level, we should increase the application and promotion of knowledge service mode, and promote the performance with knowledge elements. We should be careful to implement the extended service model of products to avoid falling into the strange circle of "service paradox". In addition, we should actively explore outsourcing service mode to improve the efficiency of core business resource allocation.

The academic contributions of this paper are as follows: (1) Most of the existing literature studies the economic consequences of service-oriented manufacturing enterprises from the national and industrial level, but few from the perspective of service mode. This paper attempts to conduct a large sample empirical study on the economic consequences of the service-oriented mode of manufacturing enterprises, which provides new empirical evidence for the study of the service-oriented mode and its economic consequences; (2) In view of the lack of recognition of the non-self service mode proposed by scholars, this paper considers the outsourcing factors, brings the outsourcing service-oriented mode into the scope of recognition, and enriches the research on the service-oriented mode of manufacturing enterprises research literature; (3) Different from macro and meso research, this paper further studies the mechanism of different economic consequences of service-oriented mode of manufacturing enterprises from the perspective of micro mechanism, deepening and expanding the research on the mechanism of service-oriented mode; (4) In view of the controversy on the paradox of service-oriented of manufacturing enterprises, this paper studies the economic consequences of service-oriented of manufacturing enterprises from the perspective of business model heterogeneity. It provides a new explanation and evidence for the debate of the economic consequences of service-oriented manufacturing enterprises, which help us to fully understand it.

目录

第1章 导论   1
1.1 选题背景和意义   2
1.2 研究思路和方法   8
1.3 研究框架和内容   11
1.4 研究创新和贡献   13

第2章 理论基础与文献综述   17
2.1 理论基础   18
2.2 文献综述   21

第3章 制造企业服务化模式的类别与现状   33
3.1 制造企业服务化模式的类别划分   35
3.2 制造企业服务化模式的现状描述   44
3.3 制造企业服务化模式的典型案例   51
3.4 本章小结   54

第4章 知识性服务化模式的经济后果研究   57
4.1 引言   58
4.2 理论分析与研究假设   59
4.3 研究设计   62
4.4 实证分析   66

4.5	进一步讨论	79
4.6	本章小结	86

第5章 产品延伸性服务化模式的经济后果研究　89

5.1	引言	90
5.2	理论分析与研究假设	91
5.3	研究设计	94
5.4	实证分析	97
5.5	进一步讨论	110
5.6	本章小结	117

第6章 外包性服务化模式的经济后果研究　119

6.1	引言	120
6.2	理论分析与研究假设	121
6.3	研究设计	124
6.4	实证分析	127
6.5	进一步讨论	140
6.6	本章小结	147

第7章 研究结论与政策建议　149

7.1	研究结论	150
7.2	政策建议	152
7.3	研究局限	155
7.4	研究展望	156

附录　158

参考文献　168

第 1 章

导论

1.1 选题背景和意义

1.1.1 选题背景

制造业是国民经济的主体，是立国之本、兴国之器、强国之基。制造业是我国经济的根基所在，也是推动经济发展提质增效的主战场。改革开放以来，我国制造业呈现突飞猛进的发展势头，越来越深刻地融入世界价值链分工体系中。但不可忽视的是，我国制造业发展最明显的特征是"大而不强"，制造业的比较优势主要体现在加工组装与生产环节，在核心技术、价值链地位、利润水平、服务产出等方面与世界工业强国仍有一定差距。伴随个性突出的消费需求、日渐缩短的生命周期、频繁出现的技术变革，以有形产品为核心的差异化与低成本策略，难以成为传统制造企业竞争优势的来源。如何通过转型升级寻求价值创造模式的新突破，已成为全球范围内制造企业共同面临的问题。发达国家自20世纪80年代以来经济结构变化和产业升级中最令人瞩目的戏剧性现象便是制造性服务业发展成为国民经济中的支柱产业（刘志彪，2005），全球经济从"工业型经济"向"服务型经济"转型的新趋势下，制造企业为提升竞争优势，逐步将产业链以制造为中心向服务领域延伸。怀斯和鲍姆加特纳（Wise and Baumgartner，1999）以及卢施和瓦戈（Lusch and Vargo，2007）等的研究都表明，服务化已成为制造企业"击败"现有或潜在竞争对手、获取竞争优势的重要手段。一些世界级制造业企业，如通用电气、飞利浦公司、IBM公司等纷纷通过业务转型和服务模式创新提升竞争力，这种由制造为中心向生产与服务深度融合发展方式转变的过程称为制造业服务化（刘斌等，2016）。

目前，我国制造业在规模上已位居世界第一，但从价值链角度看，其总体上仍处于全球价值链中低端，服务产出落后于世界主要制造业国家（黄群慧和霍景东，2015），而服务化水平不高是阻碍制造业高质量发展的现实因素之一（刘斌等，2016）。根据尼利等（Neely et al.，2011）对全球25个国家或地区上市公司数据库的分析发现（见表1-1），30.5%的公司发生了服务化现象，在美国这一比例高达59%，而在中国这一比例仅为11%，远低于世界主要制造业强国。另外，当前中国经济步入工业化后期（刘伟，2014），服务化趋势日益明显（金碚，2012；中国经济增长前沿课题组，2012），2013年中国服务业占比超越工业成为第一大产业，2015年第三产业占比超过50%。更重要的问题是，我国制造业近年来面临的挑战日益增多，如原材料和人力成本的上涨，"人口红利"的逐步丧失、世界经济持续低迷、发达国家制造业的强势回归以及其他发展中国家制造业逆势追赶等（李晓华，2013），使得传统制造业竞争优势减弱，利润空间挤压情况较明显（见表1-2）。新常态下，国内经济增速变缓，产业结构优化升级迫切，制造企业增长动力也需谋求新的方向，如何通过服务化走好制造业高质量发展之路备受关注。

表1-1　　　　　世界主要国家或地区制造业服务化情况

国家或地区	制造企业服务化水平（%）
美国	59
芬兰	52
荷兰	42
比利时	40
马来西亚	38
挪威	36
瑞典	32
瑞士	31
日本	29
德国	29
英国	29

续表

国家或地区	制造企业服务化水平（%）
中国台湾	29
澳大利亚	22
西班牙	24
智利	21
丹麦	20
奥地利	20
中国	11

资料来源：Neely A, Benedettini O, Visnjic I. *The Servitization of Manufacturing：Further Evidence* [C]. Conference Paper：18th European Operations Management Association Conference, 2011.

表1-2　　我国规模以上工业企业利润情况（2011~2017年）

年份	利润率（%）	每百元主营业务收入中的成本（元）
2011	6.47	84.71
2012	6.07	84.77
2013	6.11	85.27
2014	5.91	85.64
2015	5.76	85.68
2016	5.97	85.52
2017	6.46	84.92

资料来源：国家统计局。

制造企业服务化是近年来的研究热点，多数学者认为服务化是制造企业获取竞争优势、实现高质量发展的重要途径。以往文献中，围绕制造企业服务化效果的主流观点有两种，互为竞争：部分研究认为制造企业服务化具有积极效应，服务化是制造业变革的必然趋势（Szalavetz，2003），可以延伸与拓展制造产品价值（郭跃进，1999），整合分散的制造资源（李江帆，2004），破解高端制造环节困境（顾乃华等，2006），促进行业全要素生产率提升（方鸣等，2014），提高经济稳定性（袁富华等，2016），助力工业供给侧结构性改革与工业价值链条高端化（黄群慧，2016）；再者，也有部分研究认为服务化对制造企业发展并不总是拥有积极促进作用，可能增加竞争成本和内部政治成本（Mathieu，2001），拓展服务对利润造成下行压力（Visnjic et al.，2012），产生"服务化悖论"现象（Gebauer and Fleish，2007）或呈非线性增长关系（Kohtamaki et al.，2013；Ivanka and Bart，2014）。这些研究虽然为解释制造业服务化效果提供了较为深刻的洞见，但忽视了一个重要事实——异质性对服务化效益的影响（周念利等，2017），即现有的国内外服务化文献大多没有考虑企业异质性问题（邱斌等，2012）。商业模式是一个价值创造过程（Chesbrough and Rosenbloom，2002），服务模式是其关键构成（Timmers，1998）。从服务模式异质性看，不同服务模式，其本质属性、对价值的贡献程度以及对组织的要求等存在显著差异，相应效果也必然不同（Fang et al.，2008；Antioco et al.，2008），但现有研究却少有来自微观的经验证据，从企业层面探析制造企业服务化影响效应（杨玲，2015）与经济后果（陈漫和张新国，2016）的成果有限，对异质性服务模式的经济后果研究更为少见。有鉴于此，从异质性视角深入研究微观制造企业不同服务化模式可能存在的差异性经济效果是一个有趣又值得研究的学术话题。

1.1.2 研究意义

1. 理论意义

虽然制造企业服务化是获得竞争力的重要手段，但是仅有20%左右的制造企业服务化转型是成功的（Ulaga，2011）。全球最大的个人计算机零件和CPU制造商英特尔意欲转型至互联网服务，以失败而告终；全球最大的飞机制造商波音公司欲提供金融服务，也被认为是失败的。由于制造企业服务化对以业绩为主的经济后果影响较复杂，已有文献尚未得出一致结论，加之基于中国情景的实证研究成果有限，因此本书可能在以下方面形成理论意义：

（1）本书研究从更微观层面对现有服务化文献形成一定补充。从已有的制造业服务化研究成果来看，学者们对该话题的探讨较广泛，但成果集中于政策层面的建议、国家层面的服务化对比、行业层面的产业融合、地区和行业层面的生产效率评估等，缺少企业层面服务化转型的实证考察（陈漫和张新国，2016）。可见，微观层面的服务化研究必要且迫切。本书通过对服务化模式的梳理、划分、识别，将服务化问题微观化，研究结论能够对现有宏观、中观成果形成补充。

（2）本书从商业模式异质性角度出发，分析考察了不同服务化模式与业绩的关系，其为制造企业服务化经济后果研究提供了新的切入角度。既往研究主要将服务化作为一个整体来考察其经济后果，但基于不同市场环境及服务领域，结论差异较大。本书基于新视角，兼顾服务化理论和制造业实践，梳理出三种主要服务化模式，通过分别考察其可能存在的差异性经济后果，为制造企业服务化经济后果文献提供了新视角和新证据。

（3）有助于加深对服务化模式经济后果作用机制的认识。在已有文献中，部分研究从产业融合、投入产出、全要素生产率等角度探讨了服务化经济后果的作用机制，但微观层面的机制讨论与检验较匮乏，可检索的成果基本停留于对单一服务化模式作用机理的分析。本书就梳理出的知识性服务化模式、产品延伸性服务化模式、外包性服务化模式如何影响制造企业业绩问题，从要素结构角度出发，深刻探讨和系统检验了其中的作用机制，有助于强化对服务化模式经济后果内在机制的理解。

2. 实践意义

从实践来看，随着原有规模效率模式赖以发挥作用的各种比较优势发生变化，我国开始步入以城市化和经济结构服务化为主要特征的二次经济转型。企业如何在增速持续放缓的新环境下顺利抵御外部冲击，顺利实现二次转型并再次进入稳定发展轨道，是政府决策部门以及学界普遍关注的问题（郎丽华和赵家章，2016）。制造业作为实体经济的支柱，其自2008年国际金融危机以来，受到国内外经济环境的剧烈冲击，产业转型升级迫在眉睫。纵观西方发达国家制造业再发展经验，服务化是提高制造专业化水平、深化劳动分工、优化产业结构、推动新型工业化进程的有效途径。本书对中国后工业化情景下制造企业服务化模式的经济后果问题研究，具有较强的实践意义：

（1）为服务化转型提供参考借鉴。实践中，由于"服务化悖论"的存在，使得部分制造企业在服务化转型过程中顾虑重重，对服务化转型方向也较为迷茫。本书从制造企业服务化模式视角对其经济后果及作用机制展开研究，研究结果表明，知识性服务化模式与外包性服务化模式能够显著提升企业业绩，而产品延伸性服务化模式则相反，这为制造企业服务化转型提供了现实参考与借鉴，有助于其通过选择合适的服务化模式实现成功转型和业绩提升。

（2）为破解制造企业微利困境和走向价值链高端提供可行路径。本书研究表明，制造企业在生产、加工产品之外科学拓展服务业务，有助于提升企业盈利空间与自身价值。与同质化产品相比，服务具有无形性、与顾客共同创造、难标准化、高知识强度、高附加值等特点，制造企业注入服务可以促进定价权提升、进入壁垒转换、顾客忠诚度提高（Vargo and Lusch，2004）。本书研究有助于制造企业加强产业上中下游联系，从传统生产、加工领域向"微笑曲线"的两端进行延伸和发展，并在服务领域实现价值增值，推动生产与服务业务向价值链高端跃升，破解微利困局。

（3）为化解产能过剩与改造"僵尸企业"提供新思路。近年来，受经济增长放缓、产能过剩约束、市场需求疲软的影响，许多企业面临经营持续恶化、难于市场出清的困局，由此产生一批"僵尸企业"。实践中，"僵尸企业"（zombie company）大多分布在产能过剩行业，以制造业最为突出。对于因管理水平落后、暂时性产能过剩而出现亏损，但企业技术水平较高、具有长期发展前景的制造企业，应重在转型改造（何帆和朱鹤，2016），以新发展模式走出亏损困境。从发达国家制造企业发展历程看，服务化转型是其提质增效的可行路径之一，对制造企业服务化模式经济后果的研究能够为改造"僵尸企业"提供有益思路。

（4）对培育制造企业核心竞争力、促进供给侧结构性调整以及实现"中国制造2025"目标具有较丰富的政策含义。制造企业转型升级已成为当前国民经济建设中的重要议题，也是中国工业供给侧结构性改革的关键（黄群慧和贺俊，2015）。《中国制造2025》以及2014~2016年《政府工作报告》中均明确提出促进服务与制造融合、互动，推动生产型制造向服务型制造转变，引导和支持制造企业延伸服务链条等倡议。本书对制造企业服务化模式异质性经济后果的探讨对其转型升级具有较强的借鉴意义，有利于推动制造企业服务化进程，改观同质化生产困境，并以融合式发展重塑竞争力，破解成本约束与低附加值难题。

1.2 研究思路和方法

1.2.1 研究思路

本书的研究思路见图1-1，具体如下：首先，整合理论基础，把握制造业服务化研究现状。归纳、分析能够解释制造企业服务化模式经济后果的理论，梳理服务化概念与内涵、模式与划分、动机与经济后果方面的国内外文献；其次，形成服务化模式的划分依据、划分类别及判定标准，确定知识性服务化、产品延伸性服务化、外包性服务化三种主要服务化模式，并通过手工收集2008~2017年A股主板制造业服务化模式样本，从类别、时序、行业、区域、产权、占比、状态七维度刻画服务化模式现状；再次，考察三种不同服务化模式可能存在的差异性经济后果以及内外部约束条件约束的影响；进一步地，探讨不同服务化模式的作用机理以及时间、经济周期、服务化状态因素对服务化模式与业绩关系的影响；最后，结合现状分析与实证结果，从行业和企业层面提出政策建议。

第1章 导论

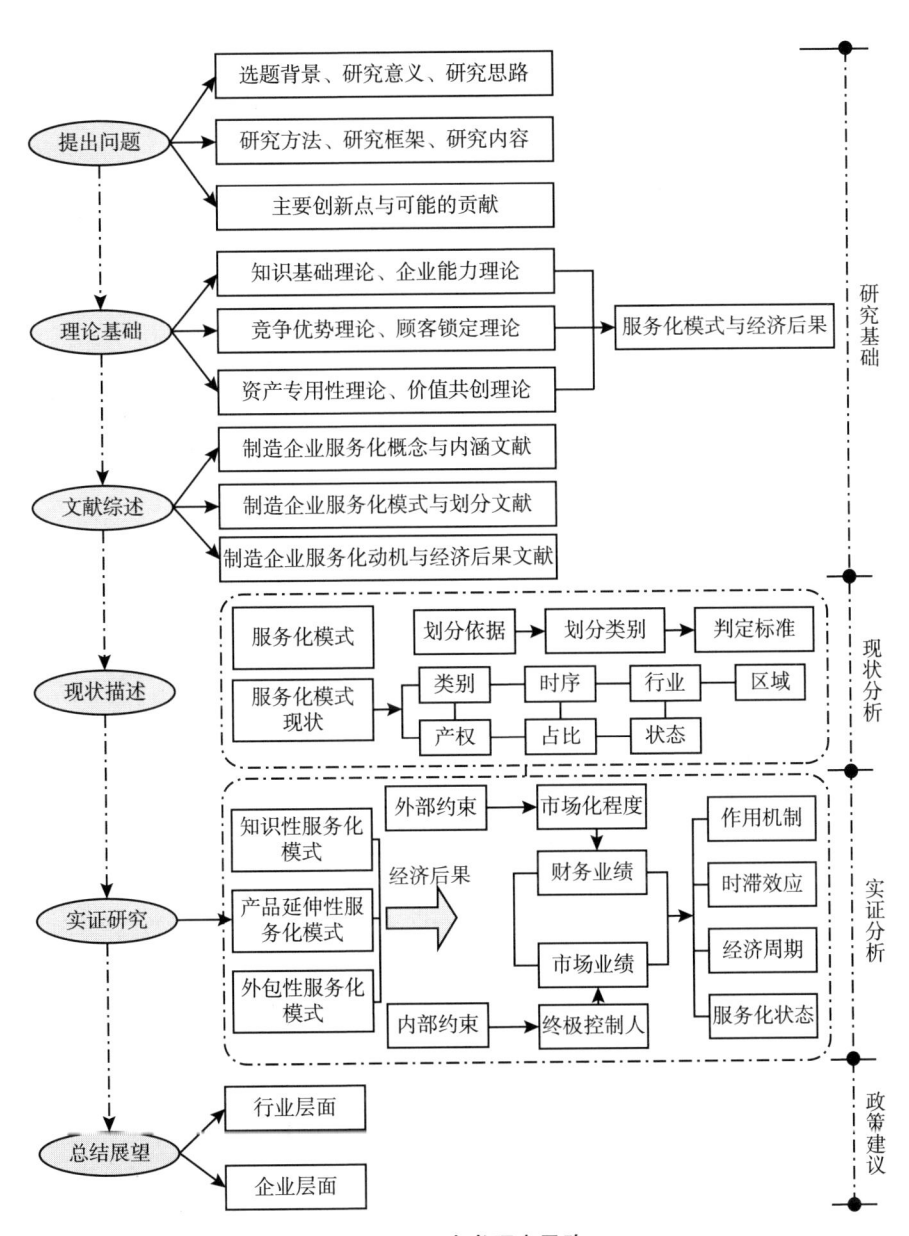

图1-1 本书研究思路

1.2.2 研究方法

本研究以学界广泛争议的服务化悖论与我国制造业"大而不强"的现实为基础，综合知识基础理论、企业能力理论、竞争优势理论、顾客锁定理论、资产专用性理论、价值共创理论观点，从商业模式异质性视角，对制造企业不同服务化模式经济后果及内在机制展开研究。主要运用的研究方法包括文献分析法、文本分析法、实证研究法、学科交叉研究法。

1. 文献分析法

本书利用中国知网（CNKI）、ScienceDirect（SDOS）等国内外文献数据库，以"制造业服务化""服务增强""服务型制造""制造企业服务创新""产品服务系统强""制造服务""服务延伸""servitization""product-Service""product service system""service innovation"等为关键词，对国内外关于制造业服务化模式的主要研究成果进行检索、跟踪和梳理，分析了制造企业服务化模式的研究现状与不足，以此提出本书的研究视角和主要研究内容。

2. 文本分析法

本书使用文本分析法对制造企业是否开展服务化活动以及所属服务化模式进行识别。由于企业经营范围信息为文本信息，同时考虑到陈洁雄（2010）提出的利用软件自动搜索存在匹配率不高的问题，因而在服务化模式样本采集与判别过程中采用人工文本分析法。本书根据沪深 A 股主板上市制造企业公开披露的定期及临时公告，结合制造企业服务化模式的业务特征，利用文本分析方法对其经营范围、财务公告等进行分析，并根据《经营范围变更公告》《财务报告》《国民经济行业分类标准（GB/T4754-2011）》等综合判定所属服务化模式，收集和整理实施不同服务化模式的制造企业样本。

3. 实证研究法

本书基于大样本数据，运用实证研究法，考察知识性、产品延伸性、外包性服务化模式的经济后果及对内在机制进行实证分析。在实证部分，基于多元线性及控制行业和年度的固定效应回归方式，检验了不同服务化模式对财务业绩、市场业绩的影响及机制，并进一步采用变量替换、Heckman 两阶段估计、动态面板 GMM 估计等方法做稳健性测试，这些实证检验为本书形成可靠经验证据提供了坚实基础。

4. 学科交叉研究法

目前有关制造业服务化经济后果的研究主要集中于产业经济、国际贸易领域，微观研究尚显不足。事实上，制造企业不仅是宏观产业政策与中观行业发展关注的焦点，关乎社会资源配置、行业结构调整，在微观上也体现着转型升级、提质增效的过程与结果。因而，从微观层面研究制造企业服务化问题更能洞察其经济后果和内在机理。本书从微观服务化模式角度出发，借鉴财务以及部分产业经济学理论，考察制造企业不同服务化模式带来的经济后果，以期对现有宏观与中观层面服务化经济后果文献形成补充。

1.3 研究框架和内容

本书在借鉴制造企业服务化相关理论的基础上，从微观层面，重点对我国制造业上市公司不同服务化模式的经济后果展开研究。整体框架安排如下：首先，对制造企业服务化模式科学分类，精确识别不同服务化模式的样本；其次，从类别、时序、行业、区域、产权、占比、状态七个维度对我国制造业上市公司服务化模式的现状进行描述分析；再次，围绕"业绩促进观"和"业绩悖论观"，分别从财务业绩和市场业绩两方面探讨服务化模式可能带来的差异性经济效果，以此为服务化争论提供新解释；最后，提炼知识性服务化模式、产品延伸性服务化模式、外包性服务化模式与企业业绩的关系以及相应的作用机制，并从服务模式角度提出我国制造业服务化转型的建议。全书的具体研究框架可见图 1-2。

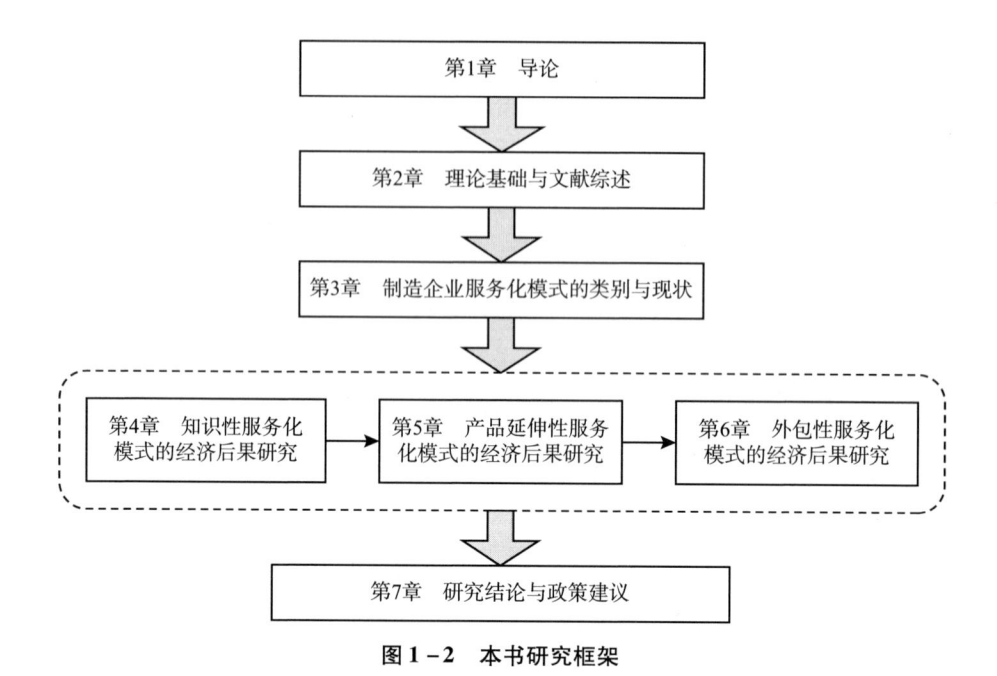

```
┌─────────────────────────────┐
│      第1章  导论              │
└─────────────────────────────┘
              ↓
┌─────────────────────────────┐
│  第2章  理论基础与文献综述      │
└─────────────────────────────┘
              ↓
┌─────────────────────────────┐
│ 第3章  制造企业服务化模式的类别与现状 │
└─────────────────────────────┘
              ↓
┌──────────────┬──────────────┬──────────────┐
│ 第4章 知识性服务化│第5章 产品延伸性服务│第6章 外包性服务化│
│ 模式的经济后果研究│化模式的经济后果研究│模式的经济后果研究│
└──────────────┴──────────────┴──────────────┘
              ↓
┌─────────────────────────────┐
│   第7章  研究结论与政策建议      │
└─────────────────────────────┘
```

图 1-2　本书研究框架

全书的内容安排如下：

第 1 章　导论。

作为开篇，本章对全书研究进行系统性概括，首先阐述本书的研究背景与研究意义，然后介绍研究思路、框架、内容及方法，最后梳理与评述本书的创新、贡献。

第 2 章　理论基础与文献综述。

本章围绕制造企业服务化的概念和内涵、服务化模式及划分、服务化动机与经济后果，对当前服务化研究现状进行回顾和分析，指出当前研究的不足与机会，归纳、阐述服务化模式经济后果可借鉴的理论，为后文的深入研究奠定基础。

第 3 章　制造企业服务化模式的类别与现状。

本章首先在前人研究的基础上，综合理论分析与制造业实践，梳理制造企业服务化的三种不同模式，并以 2008~2017 年实施服务化的 A 股主板制造业上市公司为样本，对其现状展开分析与归纳，并通过典型案例来揭示不同服务化模式带来的经济后果差异。

第4章 知识性服务化模式的经济后果研究。

本章将知识性服务化模式纳入研究范围,构建多元线性回归模型,考察知识性服务化模式对财务业绩和市场业绩的影响,分析知识要素结构在其中的作用,并考虑终极控制人、市场化程度、时滞表现、经济周期、服务化状态等因素,进一步检验其对知识性服务化模式经济后果的影响。

第5章 产品延伸性服务化模式的经济后果研究。

本章立足产品延伸性服务化模式,对其服务化经济后果进行实证分析,分别检验了产品延伸性服务模式经济后果与内在机制。此外,在考虑终极控制人、市场化程度、时滞表现、经济周期、服务化状态等因素的基础上,考察以上因素对产品延伸性服务化模式经济后果的影响。

第6章 外包性服务化模式的经济后果研究。

本章基于外包性服务化模式,对其服务化经济后果及内在机制展开研究,在考察上述影响的同时,进一步分析和检验了终极控制人、市场化程度、时滞表现、经济周期、服务化状态等因素对外包性服务化模式经济后果的影响。

第7章 研究结论与政策建议。

基于以上分析,总结全书,从行业和企业层面,对如何通过选择不同服务化模式实现成功转型以及提质增效提供政策建议,指出全书研究局限,并对今后的研究方向提出展望。

1.4 研究创新和贡献

本书致力于理解我国制造企业普遍存在的服务化转型行为,力图通过理论与实证为制造业高质量发展提供有益洞见。全书基于商业模式异质性的研究视角,从三种不同服务化模式层面,对其带来的经济后果进行系统性分析和检验,以期从一个较新视角解读制造企业不同服务化模式的经济后果以及相应作用机制。本书能够为我国制造业上市公司实施不同服务化模式提质增效提供微观层面的新证据，为解释制造企业服务化之谜提供新思路，一定程度上丰富和拓展了有关制造企业服务化的研究成果。经梳理，本书可能的创新及贡献主要体现为以下几个方面。

1.4.1 尝试对制造企业服务化模式及其经济后果进行大样本经验研究

虽然制造企业服务化是多数国家制造业转型的方向，但是受到难以直接观测服务化模式以及获得相应数据的限制，国内外与之相关的经验研究较为匮乏。通过扩展文献搜索范围，近年来已有少量文献从国家、行业层面考察制造企业服务化的经济后果，出现了几篇围绕制造业服务化的实证研究（志刚和饶璨，2014；刘斌等，2016；唐志芳和顾乃华，2018），但对制造企业服务化模式经济后果的大样本经验研究尚未发现。以上学者仅从宏观和中观层面考察了制造企业服务化的经济影响，但受限于大样本数据，对服务化模式经济后果的研究仍停留于讨论阶段。可见，目前针对我国制造业服务化模式及其经济后果的经验研究有待加强。本书基于手工搜集的2008~2017年制造企业实施不同服务化模式的样本数据，尝试对其经济后果进行大样本经验分析，具有一定的增量贡献。

1.4.2 丰富了制造企业服务化模式的研究文献

以往对制造企业服务化模式的研究多在理论框架下展开，从自营角度划分服务化模式的文献居多，忽视了外包等服务化模式，无法全面识别制造业上市公司的主要服务化模式。本书在前人研究基础上，一定程度上完善了现有制造企业服务化模式的分类弊端。特别是针对方鸣等（2014）及陈漫和张新国（2016）提及的非自营服务化模式识别欠缺问题，本书将外包服务化模式纳入识别范畴，有利于更精确捕捉、识别现有制造企业服务化模式。同时，结合《经营范围公告》《财务报告》《国民经济行业分类标准（GB/T4754-2011）》等公开披露资料，以文本分析为主要方式，通过构建经营范围、服务化业务及占比等一系列判定标准，综合识别制造业上市公司具体服务化模式，丰富了制造企业服务化模式的研究文献。

1.4.3 从微观视角探讨制造企业服务化模式的作用机制

本书扩展了中国情景下制造企业服务化模式作用机制的微观研究成果。关于中国情境下制造企业服务化文献，对宏观理论分析与发展建议（程大中，2008；国务院发展研究中心）、中观投入产出与产业结构考察（顾乃华等，2006；胡晓鹏和李庆科，2009；黄群慧和霍景东，2015）的研究较为丰富，但鲜有从微观机制层面来分析制造企业服务转型效果（陈漫和张新国，2016），这为本书提供了研究机会。有别于以往宏观及产业领域文献，本书从微观机制角度，结合结构要素变化，分析了以往较少涉及的作用机制，并进一步基于结构要素检验制造企业服务化模式不同经济后果的作用机理，提供了制造企业服务化模式如何影响财务业绩与市场业绩的微观经验证据，深化和拓展了服务化模式作用机制的研究。

1.4.4 从商业模式视角研究制造企业服务化的经济后果

国外部分学者的理论分析表明，不同服务化模式的价值贡献不尽一致，相应效果可能存在不同（Fang et al.，2008；Antioco et al.，2008），这为研究服务化经济后果以及解释服务化悖论提供了新思路。现有文献从价值链（Sharma et al.，1999）、地区（顾乃华等，2006）、经济环境（黄群慧和霍景东，2014）、产业形态（杨玲，2015）、服务要素（袁富华等，2016）、所有制（陈丽娴，2017）等异质性角度对制造业服务化之谜进行了解释，但鲜有文献从商业模式角度切入考察。本书遵循商业模式思路，从差异性、商业模式视角研究制造企业服务化的经济后果，研究结论有助于解释制造企业服务化之谜现象，这也是本书的主要创新点之一，其为充分理解制造企业服务化经济后果的争论提供了新的解释和证据。

第2章

理论基础与文献综述

2.1 理论基础

制造业服务化体现着"劳动密集型—资本密集型—知识密集型"的产业发展规律（Robinson et al.，2002），表现为以供给劳动服务为主的初级阶段向提供高价值知识性服务的高阶段演进特征，由此在实践中依次形成产品延伸性服务化、外包性服务化以及知识性服务化三种主要模式。服务化是制造企业应对新商业环境的重要举措，服务化模式推进的过程，亦是制造企业不断转型升级的过程（顾乃华等，2006）。制造企业选择不同的服务化模式，意味着产品与不同服务业务实现差异化组合，使其有机会以服务形式涉及开发、设计、物流、售后、运营等各价值链环节，引发企业发展战略与价值链系统调整，推动资源配置、价值主张、利润创造变化。因此，制造企业不同服务化模式可能带来差异性经济后果。可解释知识性服务化模式、产品延伸性服务化模式以及外包性服务化模式经济后果的理论主要有知识基础理论、企业能力理论、竞争优势理论、顾客锁定理论、资产专用性理论、价值共创理论。

2.1.1 知识基础理论（Knowledge-based Theory）

知识基础理论由"资源基础理论"发展而来，可追溯至巴尼（Barney，1991）对知识异质性资源的论述。该理论将知识要素作为经济组织获取市场竞争优势和取得超额报酬的战略性资源。与资源基础理论不同，知识基础理论十分关注"智力"要素，在提出异质性特质的基础上，强调知识要素对企业跨越式发展的推动作用，而前者却将知识要素视为与土地、人工等同价值的一般性要素，并未将之作为稀缺性、价值性资源。知识基础理论下，知识要素不仅是可投入生产与经营领域的重要资源，同时还具有与资本一样的边际收益递增特性。较传统生产要素，知识要素并不会因消费而发生价值折损，而是伴随知识的吸收、创造、扩散、应用而呈现收益递增的规律。换言之，知识的积累与应用过程中，以知识资本为表征的驱动力将极大促进企业形成新竞争优势并获取高额报酬。对于以知识生产和输出为主的服务化活动，其不仅处于价值链高端（Muller and Zenker，2001），还有助于通过上述高价值服务提高收益水平，因而较传统服务业务更具价值性和收益性，属于较典型的高价值、高回报服务化模式。

2.1.2　企业能力理论（Competence-based Theory of the Firm）

企业能力理论是20世纪90年代逐渐兴起的一种企业发展理论，最早由普拉哈拉德和哈默尔（Prahalad and Hamel，1990）提出。该理论认为能力是经济组织获取市场份额及经济效益的基础，"人"在企业发展和获利过程中发挥着推动性作用（Park et al.，2004）。在企业内部，富有知识和才华的"人"构成企业创新源泉，其对公司形成市场竞争优势贡献极大，因此企业是否具有核心竞争能力的关键取决于企业人才。在市场经济中，作为重要参与者的消费者直接决定企业产品与服务的"产出效果"，企业只有不断向消费者提供高价值、难替代的产品或服务，才能牢牢抓住市场，并获得市场业绩。特别地，在知识经济时代，企业能力主要由难以复制和高价值贡献的知识、经验构成，企业一旦拥有这些核心能力，便更容易吸引市场上的消费者，并通过持续不断的供给生产性服务，推动企业不断发展。因此，企业提供与知识相关的高价值服务时，有助于形成企业核心能力，赢得市场好评，提高企业价值。

2.1.3　竞争优势理论（Competitive Advantage Theory）

竞争优势理论最早由波特（Porter，1985）提出，其核心思想是形成竞争优势是任何国家或经济组织发展的关键，而能否形成竞争优势主要取决于要素状况。从要素角度看，若经济组织基本要素不足，但知识等创新性要素较充裕，依然具有竞争优势。反之，则可能无法形成竞争优势。产业发展过程中，体现着由劳动密集型向资本密集型和知识密集型演进的普遍规律。其中，劳动力要素充足的经济组织往往处于产业发展的初级阶段，而资本充足的企业处于中级阶段，具有知识优势的企业则处于高级阶段。按照上述理论，制造企业提供的服务类型也呈现出竞争优势差异，以人工服务为主的服务化可能表现出竞争劣势，而具有知识和资本特征的服务将具有较明显的竞争优势。进言之，不同服务化模式具有不同的特征并体现为不同的竞争优势，如以劳动供给为主的服务模式，由于竞争优势不明显，可能难以达到既定的服务化转型升级目标，而提供知识性服务可能因较强的竞争优势而取得不错成效。

2.1.4　顾客锁定理论（Customer Lock-in Theory）

"顾客锁定"是市场经济活动中的常见现象，反映了由于较高转移成本的存在，使客户"被迫"在特定或原厂商购买产品或服务的规律。顾客锁定理论可追溯至约瑟夫和凯尔乐（Joseph and Carl, 1989）对沉没成本引发客户发生依赖性购买行为的研究。该理论认为，经济组织若要维持市场份额或提升市场业绩，需要在获得和保留客户方面下功夫，只有不断向客户提供差异化产品或服务，增加客户转移成本，才能最终实现上述目标。对于制造企业提供的服务而言，那些能够对客户产生强烈吸引力的服务模式或服务活动，将牢牢"锁住"客户，进而形成可观的客户群和强有力的市场竞争能力。而那些同质化程度较高、难以有效满足客户需求的服务化模式，则无法形成"锁定"效应，即因客户转移成本降低会引发客户流失问题，最终带来服务业务市场份额与市场业绩的双重下降。

2.1.5　资产专用性理论（Asset Specificity Theory）

威廉姆森（Williamson, 1985）首次提出了资产专用性模型，奠定了资产专用性理论基础。在企业持续经营的假设下，禁锢于特定经济主体中使用的资产具有专用性特点，能够带来显著的经济价值，而一旦上述专用资产发生转移，其预期价值创造能力将发生显著下滑，无法带来超额收益。资产专用性理论认为，当某项资产具有专用特征时，能够为经济组织带来充裕的现金流，但也会限制其流动性，使之在转移时发生交易费用增加、现金流减少的问题。为此，资产专用性理论要求制造企业将核心资产或业务保留在组织内部，以此维持占用性高的准租金优势，而对易于转移的非核心业务，则可以利用较低的交易费用条件，通过市场购买的方式实现。对于制造企业服务化活动，部分补充性服务业务专用性较低，按照资产专用性理论要求，可以在交易成本偏低且服务效率更高的市场中购买，由此形成外包性服务化模式。

2.1.6 价值共创理论（Value Co-creation Theory）

价值共创理论是由企业价值创造理论发展而来，其突破了单一价值创造者的界限，是外包服务的重要理论基础之一。传统企业价值创造理论认为，经济组织是价值创造主体，而消费者却难以显著贡献价值，相应商业模式也呈现由企业向消费者单纯输送价值的路径。普拉哈拉德和拉马斯瓦米（Prahalad and Ramaswamy，2004）提出价值共创理论，指出在产业分工和协作加深的新商业环境下，价值创造主体不再局限于企业本身，与之有密切联系的利益相关者亦是价值贡献者。消费者需求的不断变化以及服务业务的推陈出新，皆使企业无法单独应对复杂多变的市场服务需求，迫使制造企业与服务供应商加强联系，形成独特的价值共创和互动网络体系，并为满足客户服务需求共同努力。在价值共创情境下，交互融合式发展日益普遍，确定共同主张、实施外包服务、合伙应对客户需求，成为制造企业保持核心竞争力和赢得客户服务满意度的新趋势，并为深入不同主体价值链共创业绩提供了可行路径。

2.2 文献综述

2.2.1 制造企业服务化概念与内涵

对于制造企业服务化，国外学者较早对这一概念进行了论述。国外文献代表性界定主要有"servitization"（服务化）、"servicizing"（服务化转型）和"tertiarization"（产业或经济服务化）三种，均用以刻画制造企业向服务化战略转变的过程，国内外学者对制造企业服务化概念的主要界定见附表1。

里德尔（Riddle，1986）提出生产性服务业是传统生产部门与服务部门融合的过程，是刺激商品生产的推动力。范德威和拉达（Vanderwe and Rada，1988）通过对欧洲代表性优秀制造企业经营趋势的捕捉，首次从学术层面提出了制造企业服务化（servitization）概念。其认为，制造企业由仅提供传统工业品及简单配套服务，向"产品服务包"战略转变的过程，是典型的制造企业服务化行为。其中，上述"服务包"（bundles）包括但不限于配套服务、知识性服务、支持性服务、自我服务，它们是提升制造企业附加值的关键来源。怀特和斯托顿（White and Stoughton，1999）提出了"产品服务化"的概念，并基于产出视角将之界定为制造企业由最初单一产品供给逐步拓展到能够实现配套或增值的服务领域，其有助于制造企业提高自身综合供给能力。怀特等（White et al.，1999）以"servicizing"来表征服务化，认为该概念反映了制造企业由"产品供给者"向"服务供给者"转变的趋势，具有动态性、过程性特征。类似地，雷斯金等（Reiskin et al.，1999）将服务化界定为制造企业由"产品导向"向"服务导向"的战略变化过程，具有产品与服务融合的特征。换言之，上述学者认为服务化是向生产与服务融合增值方向转变的战略过程。马考沃（Makower，2001）指出，制造企业服务化卖出的不再是产品本身，而是更具增值潜力的服务。托菲尔（Toffel，2002）定义服务化为优秀制造企业实施的一种新商业模式，其体现着制造业与服务业融合发展的趋势。罗宾逊等（Robinson et al.，2002）亦认为制造业服务化即产品与服务的深度融合。萨拉维茨（Szalavetz，2003）采用"tertiarization"表征制造企业服务化，按照内外部供给对象不同划分为投入服务化以及产出服务化。任和格雷戈里（Ren and Gregory，2007）指出，服务化是制造企业战略及商业模式的变化过程，即由单一产品模式逐步转向产品与服务相融合的模式。

  国内学者对制造企业服务化的研究集中于21世纪，涉及概念及内涵的代表性定义有：刘继国和李江帆（2007）借鉴迈克尔·波特的价值链理论揭示了服务化概念，提出制造业服务化是价值链重心由制造向服务的战略转移过程。周艳春（2010）提出，制造企业服务化是以客户为导向，由以往单一产品生产向价值链中高端延伸，逐步实现以服务为中心的业务结构。罗建强等（2014）从业务融合角度提出了服务型制造企业的概念本质，即从单纯的制造业务模式向制造与服务深度融合的生产性服务模式转变，以实现制造企业向价值链高端升级。刘斌等（2016）对已有文献归纳，认为制造企业服务化是指通过内部服务要素的投入和外部服务产品的供给，逐步实现制造业转型升级的战略过程。陈丽娴和沈鸿（2017）也将从制造向服务的战略转型过程界定为服务化现象。刘维刚和倪红福（2018）的研究指出，制造企业服务化着重体现为向服务化转变的战略过程以及服务收入的显著增加。

综上，学者在探讨制造企业服务化现象时，虽然对制造企业服务化这一概念表述不尽一致（Baines et al.，2009），但多数学者将之概括为与价值链相关的以生产物品为中心向与服务融合发展的战略转变过程。本书在此主要借鉴怀特和斯托顿（1999）、雷斯金等（1999）、任和格雷戈里（2007）等的定义，将之归纳为：制造企业服务化是从单一生产产品向提供与价值链相关服务领域拓展的战略过程，其通过生产与服务的深度融合，实现价值与竞争力提升的目的。此外，学者对制造企业服务化内涵的揭示表明，其与多元化有所区别。多元化是企业扩张的一种战略，其经营跨越多个行业、部门和市场，而服务化是企业多元化经营中的一种模式，仅涉及制造与服务两个行业。

2.2.2 制造企业服务化模式与划分

制造企业服务化模式是制造企业由单一提供产品向服务领域拓展的具体方式。相较制造企业服务化的研究，现有文献对服务化模式的探讨相对较少。围绕制造企业服务化模式，现有文献在自营的框架结构下，从服务导向、产业发展、价值链、服务内容、服务介入等具体角度探讨了服务化模式，具体可见附表2。

罗伊（Roy，2000）从服务导向角度将服务化分为结果导向性服务化、分享功效导向服务化、产品生命延伸导向服务化、减少需求导向服务化四类。霍克茨（Hockerts，2002）沿用导向标准，概括出产品导向、使用导向、结果导向三种制造企业服务化模式。曼齐尼和维佐尔（Manzini and Vezzoli，2003）则将制造企业服务化模式划分为结果导向型服务化与使用导向型服务化。图克（Tukker，2004）依据服务化的产业演进规律，将之划分为三种主要类型，即产品导向服务化、使用导向服务化和结果导向服务化。尼利（Neely，2008）基于图克的分类，进一步增加了以下两种服务化类型：一体化导向服务化和服务导向服务化，最终形成五种服务化模式。但是，尼利并没有对新增这两种服务化类型的原因进行解释。基于价值链角度，方润生等（2014）将制造企业服务化模式划分为两类，分别是产品功能实现的服务化、知识价值实现的服务化。罗建强等（2014）将制造企业服务化分解为知识创新服务、产品扩展服务、垂直整合服务。童有好（2015）按照服务化主要内容将服务化模式划分为产品附加服务化、研发设计服务化。胡查平和汪涛（2016）则将之分为产品基础性服务、知识集成性服务两种模式。王丹和郭美娜（2016）将服务化划分为产品延伸服务模式、市场化开发模式、知识性服务模式三类。其中，产品延伸服务模式属于较低级服务化阶段，市场化开发模式属于中级服务化阶段，而知识性服务模式则属于较高级的服务化。此外，基于服务介入角度，刘建国（2016）将服务化模式划分为原始设备制造商（OEM）、原始设计制造商（ODM）、原始品牌制造商（OBM）与全流程生产企业（TPM）四类。进一步地，按照服务介入程度的不同，可细化至服务外包模式（OSM）、集成服务模式（ISM）、合作服务模式（CSM）和服务提供商模式（PSM）。

综上所述，多数学者在探讨服务化模式时，从服务导向、产业发展、价值链、服务内容、服务介入等具体角度，形成了众多不同模式，但总体上均按照制造企业自营标准予以划分。此外，现有成果对服务化模式的划分中较多考虑了价值链因素，"产品导向""知识集成"等服务化类别被多数学者认可。

2.2.3 制造企业服务化的动机与经济后果

1. 有关制造企业服务化动机的文献回顾

关于制造企业服务化动机的研究，已有成果以调查分析和理论探讨为主，结论主要集中于以下五方面：获得差异化优势、提升价值链地位、增强顾客满意度、提升创新能力、实现生态效应。

(1) 获得差异化优势。

加保尔和弗莱德（Gebauer and Fleish，2007）认为，服务化战略能够使制造企业摆脱传统工业品同质化竞争困境，通过更具差异化特征的服务业务获取增量竞争力。鲁桂华等（2005）构建理论模型阐述制造企业有动机通过差异化服务来应对产品同质化危机，并通过服务化转型获得持续竞争优势。蔺雷和吴贵生（2005）基于问卷调查数据，考察了企业服务化的可能动因。实证结果表明，制造企业期望通过服务化行为增强客户满意度和忠诚度，并获得差异化优势。

(2) 提升价值链地位。

马特和夏皮罗（Mathe and Shapiro，1990）认为，制造企业服务化将形成先占优势，增加竞争对手进入服务领域的难度，因而更容易维持和增强自身的价值链地位。迈耶等（Meier et al.，2011）指出，制造企业采取"产品+服务"的组合方式更容易提高市场竞争能力，巩固和提升自身在价值链中的位置，逐步实现迈向价值链中高端的目标。加保尔和弗莱德（2011）的研究表明，制造企业服务化本身就是适应市场需求的典型战略，该战略意图通过提供较以往更具价值的服务来增强自身市场竞争能力及提升价值链地位。

(3) 增强顾客满意度。

范德默夫和拉达（Vandermerwe and Rada，1988）的研究表明，在商品日益同质化的情景下，制造商意图通过提供服务来满足部分消费者的多样化需求，以期增强顾客满意度。马蒂厄（Mathieu，2001）发现，产品及服务多样性是消费者发生购买决策需要考虑的重要因素，制造企业一旦提供较竞争对手更充分的服务,将增强客户黏性和满意度。加保尔和弗莱德(2007)的研究亦表明,是否包含配套服务是激发消费者做出购买决策的重要动因,提供服务业务的制造商往往更受消费者欢迎,它是制造企业开展服务化的动机之一。科雷亚等(Correa et al., 2007)认为,随着消费者偏好个性化特征日益显现,制造企业期望为顾客提供富有个性化元素的服务来强化客户忠诚度,并使之更加依赖自身产品与服务组合。

(4)提升创新能力。

瓦戈和卢施卡(Vargo and Lusch, 2004)的实证研究发现,服务化有助于企业加强与市场的联系,促使其通过不断创新来满足客户新需求,进而增强自身创新能力。柏昊和徐捷(2006)认为,在获得差异性优势及增强客户满意度的基础上,服务化还能够以客户为纽带不断吸收知识、积累经验,进而达到创新能力提升的目的。石学刚等(2012)的研究发现,实施服务化的制造企业在创新机会捕捉、创新能力培育、创新成果产出、创新结果应用等方面的表现显著优于对照组企业,这表明实施服务化的动机之一在于获取更明显的创新优势。

(5)实现生态效应。

怀特等(1999)的案例研究表明,制造企业服务化过程中,将逐步减少传统高能耗工业品生产,从而实现生态效应目标。雷金斯等(2000)指出,制造企业由生产为中心向服务为中心的转变,将产生"去物质化"效应,促进企业"绿色化""生态化"目标实现。康和温特(Kang and Winter, 2009)基于案例研究发现,产品服务系统潜移默化地改变着消费者偏好,迫使其减少对传统商品的消耗。贝恩斯等(Baines et al., 2009)与马丁内斯等(Martinez et al., 2010)的研究均认为,服务化作为新兴商业模式,其重新界定了供应链成员关系及契约,能够减少物质资料消耗,凸显生态效应。刘新艳(2009)提出,以服务化为纽带的活动增强了与客户的联系,在降低信息不对称的同时,将驱动制造企业向更受消费者欢迎的"绿色化"路径发展。

2. 有关制造企业服务化经济后果的文献回顾

围绕制造企业服务化经济后果话题，较多文献考察了服务化战略实施对制造企业财务业绩的影响，另有少部分文献检验了其与市场业绩的关系。从研究结论看，制造企业服务化对业绩的影响存有一定争议，学者们的主要观点可梳理为三类，即"业绩促进观""业绩悖论观""复杂关系观"，但近期发布的多数研究成果更支持"业绩促进观"。

（1）业绩促进观。

大部分学者的研究表明，制造企业服务化对其财务业绩提升具有积极作用。如范德迈夫和拉达（1989）发现，制造企业开展服务化转型，有利于获取更多市场竞争优势，为拓展利润空间、提高盈利水平奠定基础，因而实施服务化战略与财务业绩间存在显著正相关关系。卡拉奥梅里奥卢（Karaomerlioglu，1999）的分析表明，生产性服务企业的发展路径在于提升专业化分工程度以及降低中间服务成本，上述途径有利于提升生产、服务效率，带动财务业绩增长。渡边和户珥（Watanabe and Hur，2004）考察了日本制造企业实施服务化战略的经济后果，发现采取服务战略显著促进了企业市场业绩。加保尔和弗莱德（2005）认为制造业服务化除了能增加企业的利润率外，还能促进实体产品的销售。科恩（Cohen，2006）的统计结果显示，发达国家制造企业通过供给安装、维修、配送等售后服务能够为之贡献10%以上的利润。安蒂奥科等（Antioco et al.，2008）的实证分析表明，服务化转型显著提升了企业收入水平。陈洁雄（2010）指出，美国制造企业开展服务化的效果较好，对经营业绩改善具有极大的推动作用。陈漫和张新国（2016）以及陈丽娴（2017）的研究亦表明，制造企业服务化有效促进了我国制造企业财务绩效的提升。

（2）业绩悖论观。

服务化对制造企业业绩的影响并非总是积极的，部分学者得出了相左的研究结论。马蒂厄（2001）认为，制造企业进入服务新领域将面临竞争和政治压力，可能造成企业难以在短期内获利。加保尔和弗莱德（2005）提出"服务悖论"（service paradox）现象，指出较复杂的管理事项和经营成本的增加可能抑制制造企业利润增长，但其并未进行大样本考察。格罗鲁斯和奥贾萨洛（Gronroos and Ojasalo，2004）指出，服务化可能分散制造企业"精力"，拖累生产和降低经营效率。尼利（2008）的研究发现，虽然服务化能够显著增加制造企业的营业收入，但相应利润空间并不如意，整体上不及行业平均毛利。维斯尼奇等（Visnjic et al.，2012）进一步探讨了"服务化悖论"（servitization paradox）现象。上述学者们发现，服务化战略实施显著增强了制造企业市场价值，但决策者易忽视服务中间的投入成本，供给多样的服务业务会挤占企业利润空间，而只有纵向服务化才可能带来"服务溢价"效应。

（3）复杂关系观。

少部分学者的研究成果表明，制造企业服务化对业绩的影响较复杂，既可能呈现非线性关系，又可能表现为不相关关系。例如，方等（Fang et al.，2008）对美国制造企业的实证研究发现，服务化收入与企业价值间呈二次项关系，且前者占比较低时，上述关系才显著。陈洁雄（2010）分别对中美两国制造企业服务化经济后果展开研究，发现服务业务占比与美国制造企业财务绩效显著正相关，而在中国却呈现出更为复杂的曲线关系。卡斯塔利等（Kastalli et al.，2013）的案例研究发现，代表性制造企业实施服务化战略并不能持续性带来经济效益，其对利润率产生"马鞍形"影响，即短期内两者呈现出显著的正相关关系，但在长期却易陷入"服务化悖论"困境。寇塔马基等（Kohtamaki et al.，2013）指出，制造企业服务化促进了销售收入增长，但主要体现为非线性关系。伊万卡（Ivanka，2013）的研究亦表明，随着服务化水平的提升，制造企业业绩呈现出先升后降的特征。肖挺等（2014）以非制造业样本数据，采用 2003～2011 年行业面板数据，考察服务化对业绩的影响，得出非线性关系的结论。李等（Li et al.，2015）基于浙江上市公司的截面数据，检验服务化程度对业绩产生的影响，发现服务化业务数量对资产收益率的正向影响更直接，而对净资产收益率的影响则体现出阶段性特征。卡斯塔利等（2013）研究表明，服务化程度与制造企业盈利水平呈倒"U"型关系，且随着服务化的不断深入，企业将面临更大的转型阻力，带来业绩下滑风险。

综上所述，大部分学者们都肯定了制造企业服务化对企业业绩的促进作用，但对于这种影响关系和程度仍存较大争议。特别地，已有研究忽视了一个重要事实，即企业之间的竞争并非传统意义上的产品竞争，而是企业商业模式的角逐（Kippenberger，1997），对于制造企业服务亦如此。阿米坦德·卓德（Amitand Zott，2001）、切斯堡和罗森布鲁姆（Chesbrough and Rosenbloom，2002）、马格里塔（2002）、米歇尔和科尔斯（Mitchell and Coles，2003）、莫里斯等（Morris et al.，2003）均认为不同商业模式是影响不同企业价值创造与业绩表现的关键，好的商业模式会带来高盈利、高市场认可度，差的商业模式则将导致低收益、低市场价值。以往学者对制造企业服务化经济后果考察时往往一概而论，少有从商业模式视角细致考察不同服务化模式对企业业绩的影响，这也是导致研究结论不一致的重要原因之一（Gebauer and Fleish，2005）。因此，现有研究一定程度上忽视了服务化的异质性与中外经济中服务化进程差异对结论的显著影响（李勇坚和夏杰长，2009），需要进一步识别不同服务化模式的本质差异，考察其可能带来的不同经济后果。

3. 有关制造企业服务化模式经济后果的文献回顾

随着制造企业内外部环境发生剧烈变化，一成不变的商业模式难以为之带来持久竞争优势，可能制约其业绩提升，必须予以适当调整或变革。现有研究中，从商业模式视角探讨制造企业服务化经济后果的成果并不多见，部分文献通过问卷调查及理论分析等方式探讨了制造企业服务化模式的经济后果，但呈现出明显的碎片化特征，系统识别和检验服务化模式对业绩影响的研究较匮乏。

（1）服务化模式变革对业绩的影响。

米歇尔和科尔斯（2003）认为，创新服务模式能够给制造企业带来先机优势，通过为顾客创造更多的价值来获取超额报酬和扩大市场份额。吉森等（Giesen et al.，2007）提出，制造企业对服务化模式的创新，将显著增强差异化竞争优势，并在竞争对手更少、竞争压力更小的新市场中获取利益。卓德和阿米特（Zott and Amit，2008）的研究表明，服务化模式变革可以激发制造企业市场竞争意识，增强发展动力，以更先进的商业模式取胜。卡穆里沃等（Kamuriwo et al.，2009）认为，当制造企业兼顾产品和服务模式创新时，将明显优于同行其他企业的盈利水平和业绩表现。李晓等（2011）认为，产品服务系统的更新有利于减少资源消耗、提升生产效率，带动业绩的提升。石学刚等（2012）以 BIT 模型为基础，指出制造企业开展服务化不仅在于从以产品为中心向提供服务转变，还要结合自身服务业务特征及优势，探索一条符合自身实践的服务化模式，且上述模式变革是制造企业提升业绩的有效途径。方润生等（2014）通过对陕鼓集团的案例研究，发现业绩变化是对服务化模式变革的正回馈。其中，以产品主导的服务属于服务化初级阶段，而向顾客提供知识性功能的服务属于服务化高级阶段，服务化越向高阶段迈进，越能为企业带来丰厚回报。

（2）不同服务化模式对业绩的影响。

马修斯（Mathieu，2001）指出，制造企业进入不同服务领域，可能形成不同服务化模式，如以产品为导向的低门槛服务化模式可能无法为其带来明显优势，甚至可能产生负面影响。加保尔和弗莱德（2005）在关于"服务悖论"（service paradox）的研究中，指出以产品为导向的服务化模式本质上并未摆脱"产品谋利"的盈利方式，且新进入的服务领域依然聚集着大量同质化竞争者，这使该种服务化模式对制造企业财务绩效产生消极影响。陈菲（2005）的研究发现，外包性服务化模式通过将低价值、低专有性服务转嫁于市场，有利于专注主业，增强核心竞争力，进而实现企业业绩的提升。方等（2008）认为，产品延伸性服务化模式会引发两大负面效应：战略失焦与内部冲突。制造企业盲目将有限的资源投入自己并不擅长的服务化领域，可能抢占原本占据优势业务的资源，造成资源投入与产出不协调。同时，产品延伸性服务化仍以产品为导向，产品与服务在业务层面并不对等，使之在管理决策、资源分配、人员安排等方面处于劣势，难以真正发挥向价值链高端转型的作用。江小涓（2008）提出，外包性服务化模式聚集于专业化服务，可以扩大规模经济效应，促进人力资本能力积累，也为发展中国家提供了更多的就业机会。服务外包将加速服务业创新、提高劳动生产率，是产业组织的重大变革和新的增长动力。袁富华等（2016）认为，以知识要素为特征的服务化模式顺应了价值链高端化趋势，有利于促进效率与业绩变革。王娟和张鹏（2019）认为，汇集智力成果的服务化模式是打破"锁定效应"、促进制造业升级的重要途径。

2.2.4 研究评述

上文主要从概念与内涵、模式与划分、动机与经济后果三大方面对制造企业服务化领域文献进行梳理和回顾。

（1）从制造企业服务化概念与内涵的研究成果看，相关研究较丰富，学者们多从价值链角度将之界定为由单一生产向提供生产性服务转变的过程。特别地，在价值链角度，诸如房地产开发等与价值链无关的行为不属于服务化范畴。从其内涵看，多数学者认为制造企业服务化体现着新商业模式的内涵，反映了制造业和服务业融合式发展的新趋势。由此可见，随着世界各国服务化趋势的加强，学者们对制造企业服务化概念和内涵研究得出了较一致的结论，为本书科学界定、深刻把握制造企业服务化奠定了基础。

（2）从制造企业服务化模式与划分的研究成果看，已有文献主要从自营视角对服务化模式展开划分，划分类别考虑了服务导向、产业发展、价值链、服务介入等因素，且多数学者更倾向从价值链角度分类。可以发现，自营视角下遵循价值链方向划分服务化模式具有一定科学性，其被多数学者所认可，为本书整合和划分服务化模式提供了有益思路。

（3）从制造企业服务化动机与经济后果的研究成果看，现有成果对制造企业服务化战略实施动因进行了广泛讨论，研究结论主要集中在获得差异化优势、提升价值链地位、增强顾客满意度、提升创新能力、实现生态效应五大方面。此外，较多学者考察了不同国家制造企业服务化对经济后果的影响，总体形成三种竞争性结论，其中"业绩促进观"与"业绩悖论观"尤甚。然而，仅有少量文献考察特定服务化模式对业绩的影响，从商业异质性视角系统考察制造企业服务化模式经济后果的文献较少。

总之，已有文献较全面地探讨了制造企业服务化及经济后果话题，有益于钩稽爬梳、集腋成裘，但仍然存在一些不足，需要进一步深入研究，主要表现在以下三个方面。

（1）制造企业服务化之谜有待深入研究。主流文献中，各国学者对制造企业服务化与业绩关系进行研究，虽然多数学者支持"业绩促进观"（Vandermerwe and Rada，1989；Cohen，2006；Antioco et al.，2008；陈洁雄，2010；Visnjic et al.，2012），但仍有少量文献得出"业绩悖论"的结论（Mathieu，2001；Gronroos and Ojasalo，2004；Neely，2008）。得出研究结论不一致的原因之一是忽视了服务化的异质性（Gebauer and Fleish，2005），现有文献未能对不同制造企业服务化开展过程中的模式差异进行系统识别与深入考察，这正是本书需要拓展的主要方向。

（2）对制造企业服务化模式刻画不足。已有的服务化研究成果中，仅从自营服务化角度对服务化模式归类识别，忽视了外包服务化类别（陈漫和张新国，2016），存在服务化模式识别不足的问题。此外，在服务化模式经济后果研究中缺乏系统性考察（方鸣等，2014），不仅需要精准识别制造企业服务化模式，更需要系统化考察主要服务化模式对制造企业可能产生的影响以及相应机制。

（3）以往文献多从理论分析与行业实证角度探讨服务化经济后果问题，但微观层面大样本的实证研究十分匮乏（陈丽娴，2017），尚未有从服务模式异质性角度考察制造企业服务化微观经济后果的学术成果（见附表3和附表4），且仅有的研究结论说服力非常有限（胡查平等，2014），因此需要加强微观服务化模式层面的经济后果研究。

第3章

制造企业服务化模式的类别与现状

近年来，我国产业结构发生显著变化，服务业异军突起，占国内生产总值（GDP）比重超过50%，成为第一大产业。同时，面对不断攀升的生产成本和日益激烈的市场竞争，国内越来越多的制造企业开始向服务化领域拓展，期望通过开展服务业务获取丰厚收益、创造更多价值（杨慧，2014）。相较传统生产制造环节，服务环节及相关业务具有高附加值、广经营性及高消费性特点，更容易为制造企业带来经济收益与竞争优势（Berry，2006）。鉴于此，许多制造企业将服务化视为寻求市场机会、差异化竞争及增加收益的重要方式，经营重心随之由以往的生产制造环节逐步向附加值更高、受众群体更广、更能满足客户需求的服务环节转变。从世界制造业发展近况看，无论是美国的《先进制造业计划》、英国的《高价值制造战略》、德国的《工业4.0》、日本的《工业价值链计划》，还是《中国制造2025》，其均将制造企业服务化作为制造业转型升级的主攻方向。

在上述制造业发展大背景下，选择科学的服务化模式成为制造企业推进服务化转型的关键所在（Jacob，2008）。然而，制造业本身是一个异质性较强的行业，不同制造企业涉及的细分制造领域以及开展服务化的业务基础不尽一致，难以形成一种普适的服务化模式（杜维，2018），且不合理的服务化模式可能导致服务后果低于预期，甚至引发服务化战略失败。"服务化悖论"一直是制造业服务化过程中需要直面的问题，其也得到部分学者的认可。例如，加保尔和弗莱德（2007）认为，随着服务化的推进，制造企业经营难度加大及管理困境将带来业绩下滑；肖挺（2015）指出，制造企业只有服务化模式与服务化进程相协调，才能避开服务化困境；李靖华（2015）的研究亦表明，伴随着制造企业服务化战略的深入推进，往往存在"绩效—服务化悖论"，即实施服务化战略带来业绩下降；董华（2018）认为，制造企业服务化模式无法适应实际战略要求是引致"服务化悖论"的主要原因。

由此可见，国内外学者就制造企业服务化经济后果做了较多研究，部分学者认为制造企业服务化将带来"服务化悖论"，即实施服务化不仅难以提升制造企业经济效益，反而可能带来业绩反转。进一步地，部分学者探讨与分析后发现，产生上述问题的根源在于制造企业选择与实施了不恰当的服务化模式。然而，这些观点主要停留于理论探讨与分析阶段，鲜有文献针对制造企业服务化进行深入的模式划分，也未有基于服务化模式的大样本实证检验。那么，制造企业服务化模式究竟有哪些主要种类？其现状是什么？进言之，在前人研究的基础上，本书尝试回答以上服务化模式及现状问题。本章将通过理论分析与实践归纳，梳理制造企业服务化的三种不同模式，并以实施不同服务化模式的2008~2017年A股主板制造业上市公司为样本，对其现状展开描述与分析。

3.1 制造企业服务化模式的类别划分

3.1.1 划分依据

从以往学者对制造企业服务化类型的划分情况看，绝大多数学者仅从自营视角进行模式分类，未能将外包服务化纳入分类系统。对于自营视角下的服务化模式分类，部分学者依照价值链拓展方向划分，这为本书提供了一定思路。此外，如刘继国和李江帆（2007）、陈漫和张新国（2016）等部分学者提出外包服务化模式缺失的弊端，但也未能在研究中进一步考察其经济后果，这使本书在服务化模式划分过程中需要考虑外包因素，以弥补现有分类方式的不足。

综上，本书参考胡查平和汪涛（2016）、刘建国（2016）、陈漫和张新国（2016）、王丹和郭美娜（2016）的文献，明确现有服务化模式的分类弊端，以制造企业服务化概念核心中的价值链为抓手，兼顾外包与自营因素，将服务化模式划分为前端知识性服务化模式、中后端产品延伸性服务化模式，以及外包性服务化模式。其中，前两种模式是多数学者在自营视角下形成的分类共识，后者则是考虑外包因素形成的服务化模式。进一步来说，知识性服务化模式（KSM）是指那些显著依赖专门领域的知识经验，向用户提供以知识为基础服务的商业模式（Miles，2005），包括咨询服务、软件开发、解决方案服务等；产品延伸性服务化模式（PSM）又称产品导向服务，是制造业企业服务化的初级阶段（Tukker，2004），它是支持顾客科学、有效、低风险地使用企业既有产品的服务行为，主要包括物流与售后等；外包性服务化模式（OSM）是指企业将传统非核心服务功能通过合约形式由外部供应商来完成（Besanko et al.，1996），主要包括劳务外包服务、运营外包服务、培训与客服外包服务等。本书对制造企业不同服务化模式的定义将参考迈尔斯（Miles，2005）、图克（2004）、贝桑科等（Besanko et al.，1996）的定义表述。

3.1.2 划分类别

1. 知识性服务化模式

进入21世纪，制造企业下游客户的偏好发生较大转变，客户对富含知识密集型服务业务的需求与日俱增（Aslesen and Isaksen，2007），使得部分制造企业在供给商品的同时，不断探索知识性服务化模式，以期在"实体+服务"的基础上，通过知识性服务化来优化价值链，增强自身在激烈市场竞争中的核心优势。知识性资源被视为西方制造业持续发展的动力之源，引领世界制造业向高质量发展。制造企业通过供给知识性服务，形成连续的创新产出实力，并在提供基础产品的同时，为客户带来更多的高价值服务，实现利润附加值的内部化优势（Lee，1996），以此更好地"迎合"下游客户（Liebeskin et al.，2006）。实践中，制造企业在提供商品的基础上加大知识性服务元素，被学术界统一称为"知识性服务化模式"。围绕知识性服务化模式，越来越多的学者对其概念与特征进行解读，这有助于厘清知识性服务化模式的本真。

在国外，知识性服务化模式（Knowledge Service Model）最早作为一种新商业模式被提出，那些从事知识化与信息化业务输出的制造企业称为提供知识性服务的制造企业。蒂斯（Teece，1980）认为，制造企业若想在市场竞争中立于不败之地，需要拓展高附加值业务，制造企业服务化顺应了价值链拓展趋势，以"制造+服务"为表征的新商业模式有利于发挥范围经济作用。盖伊和玛蒂娜（Guy and Martina，2002）指出，知识性服务作为一种向外部提供专门知识或专业解决方案的商业模式，它以创新产出为服务内容，涉及所有与知识创新相关的服务业务。迈尔斯（2005）将知识性服务化模式定义为显著依赖专业知识、经验、思维，向客户提供与上述要素相关的服务模式集合。卡里姆和米切尔（Karim and Mitchell，2004）将知识性服务化描述为寻求满足下游客户专业知识性需求，创造和供给富有知识性内容的服务过程及模式。罗克辛等（Lokshinet et al.，2008）认为，知识性服务化模式本质是以供给知识服务为主要特征的商业模式，其供给的服务内容主要包括咨询服务、系统开发、专业意见、解决方案等，这些服务内容对客户具有较高价值。尼利（2008）的研究表明，知识性服务化模式主要表现为制造企业由单一提供产品向提供咨询、管理、开发、研究等服务转变的创新型商业模式。阿诺德等（Arnoldet et al.，2016）指出，知识性服务化模式是现代制造企业经常应用的一种新型商业模式，它通过向客户提供智力支持获得知识经济收益和高价值回报。

在我国，知识性服务化模式亦被部分学者定义。例如，夏杰长等（2007）的研究发现，知识密集型服务化内容主要包括两类：一是制造企业对外提供诸如咨询、策划等专门化服务，以为客户提供智力支持；二是以信息技术为抓手，基于研发创新等对外提供专业化开发服务。李晓鹏（2010）提出，知识服务是在对知识加工、整合基础上形成的重要产出能力，其产出内容是知识性服务，服务对象是支付经济报酬的企业或个人。周丹和魏江（2014）指出，知识性服务化模式是高度依赖专业知识抑或独有经验，总体呈现知识化整合、知识化创新、知识化产出的服务过程。蒋楠等（2016）认为，知识性服务化是一种制造企业的特定经济活动，其致力于智力的传播与供给，是目前国内外制造业转型升级的重要方向。严力群和佘运九（2018）认为，制造企业通过知识的生产、加工来提供服务，即知识性服务化。胡查平等（2018）从企业能力视角概述知识性服务化模式，即制造企业基于自身创新能力对外提供知识性服务的商业模式。李蕾（2018）认为，随着信息技术的普及，越来越多的制造业开始与信息产业融合，那些依赖信息技术或智力智慧并对外提供服务的制造企业属于典型的知识性服务化制造企业。

综上所述，学者们就知识性服务化模式达成以下共识：（1）知识性服务化模式是制造企业服务化转型下的一种新商业模式，目前在国内外实践中较为常见。因而，本书将此模式纳入制造企业服务化类别，具有一定的科学性。（2）不同学者从多个角度界定和描述了知识性服务化模式，虽然尚未得出完全一致的结论，但"借助专业知识与技术经验对外提供高价值服务"的本质被多数学者所认可。特别地，多数文献在刻画知识性服务化模式时，参考了迈尔斯（2005）的概念界定。因而，本书在把握"凭借知识与经验，提供专业化与专门化服务"的本质上，借鉴迈尔斯（2005）的表述，将该模式确定为制造企业高度依赖专业化知识，并不断对外提供服务的过程。（3）知识性服务化模式主要涉及咨询、策划、设计、开发等业务类别（夏杰长等，2007），这为本书识别、筛选实施服务化的制造企业提供了借鉴标准。

2. 产品延伸性服务化模式

制造企业服务化兴起于企业高强度竞争，在巨大市场竞争压力下，同质化产品不再受消费者欢迎，迫使企业突破单一产品制造模式，向与之相关的服务领域拓展，以产品延伸为导向的服务化模式随之在实践中大量出现。较传统以产品为中心的商业模式，产品延伸性服务化模式能够提高资源生产率（Stoughton and Votta，2003），拓展市场空间（Castell et al.，2004），为产品提供新价值（宋高歌等，2005），强化消费群体对品牌的认知（姚树俊等，2011），提升客户满意度（简兆权等，2017）。鉴于此，一批有远见的企业开始实施产品延伸性服务化模式，如美国汉斯公司由单纯的化工用品供应向运输配送服务拓展。以上模式被越来越多的传统制造企业效仿，使得产品延伸性服务化在制造企业转型中日益常见。

对于产品延伸性服务化模式（Product Extension Service Model），诸多学者围绕其本质和特征做了有益探讨。戈德库普等（Goedkoop et al.，1999）将产品延伸性服务化模式概括为"产品服务化"，认为是制造企业围绕产品所提供的价值链相关服务，这些服务主要与更好发挥产品功能或使用效益有关。图克（2004）认为，典型的产品导向服务化业务包括物流配送、售后服务等。威廉姆斯（Williams，2007）提出，面向产品的服务化模式，强调此模式需要制造企业形成"以产品为导向"和"以服务支持产品"的商业逻辑。换言之，该学者认为该模式下制造企业的产品与服务不具平等性，后者仅是前者的辅助和补充，因而本质上并未显著改变企业价值链分布。博克内特等（Bocken et al.，2014）提出，以产品为基础的产品服务组合模式，认为制造业中大量存在着产品与配套服务混营的商业模式。萨考和林达尔（Sakao and Lindahl，2015）认为，产品延伸性服务化呈现简单的"产品+服务"形式，其服务是有形产品的额外附加，主要表现为产品功能与实际效用的延伸。李晓华（2017）认为，产品延伸性服务化模式处于制造企业服务化中的中低端，其聚焦于产品供给，服务业务落脚于与产品相关的配套服务，如保修、检测、物流等。科瓦尔科夫斯基等（Kowalkowski et al.，2017）认为，制造企业服务化模式并非一种，其中以产品为依托提供的诸如物流以及调试、维修、检验、配送等售后服务属于产品延伸性服务模式，且由于上述服务本身不具稀缺性，易产生模仿效应，市场竞争压力并未根本扭转。胡有林和韩庆兰（2018）在探讨产品服务系统时，将之概括为制造企业以充分实现产品价值而提供的一系列服务。

针对产品延伸性服务化模式，我们从已有成果中可以发现：（1）产品延伸性服务化模式被多数学者视为制造企业服务化的重要类别，且在工业实践中有着广泛应用实例，这表明本书的服务化模式划分具有一定的合理性；（2）多数学者认为产品延伸性服务化模式并非将产品与服务业务平衡发展，与之相反，该模式中的主要服务业务均围绕产品而展开，即本质上服务活动仅是为了产品使用价值的更好发挥而开展；（3）多数学者将物流服务与售后服务视为判定制造企业实施产品延伸性服务模式的关键标志（Tukker，2004；李晓华，2017），本书沿用以上学者的主流观点，在后文识别与判定产品延伸性服务化样本时予以借鉴；（4）实施产品延伸性服务化模式的动因之一在于避开制造业同质化产品竞争，但由于相应延伸活动不具有稀缺性，故难以从根本上实现由传统价值链到闭环价值链的转变。

3. 外包性服务化模式

伴随着市场经济竞争加剧和知识经济时代来临，传统"大而全"的规模化扩张模式不再适用于一般制造企业。相较传统"产品+服务"模式，外包服务化意图通过剥离非核心服务业务以及非核心资产来提升运营效率（Besanko et al., 1996），降低交易费用（Beyers et al., 1996），做强核心业务（Girma, 2004），提高资源配置水平（白清, 2015）。在服务化转型过程中，诸多大型制造企业将自身低端价值链业务以特有的外包方式转移出去，为其带来新机遇，非核心服务业务外包逐渐成为一种具有战略意义的商业行为（Buckley et al., 2015）。"外包服务化"这种较新的商业模式随之成为学术与实践侧目的焦点。

围绕外包性服务化模式（Outsourcing Service Model），国内外学者从不同视角对其展开探讨。雷弗（Reve, 1990）基于业务异质性概述了外包服务的本质，即制造企业将具有竞争力的核心业务留存于内部，将价值贡献偏低且重复性强的非核心服务业务在市场中购买。而且，伴随制造企业规模与业务的爆发性扩大与增长，外包服务业务数量将显著增多。厄尔（Earl, 1996）提出，外包性服务化模式是优势企业将自身不具有比较优势且盈利水平低的服务业务发包给其他企业的商业运作模式。贝桑科等（1996）提出，服务外包是经济组织把劳务、运营等非核心服务业务转移给市场供应商完成的服务化商业模式。宋高歌等（2005）指出，非核心服务外包的动力主要源于下游供应商，制造企业通过转移以上服务业务来降低非核心服务业务成本、提高服务运作效率。格雷斯曼和罗斯（Grossman and Rossi, 2008）从贸易的视角阐述了外包性服务化模式，指出制造企业将具有比较劣势的服务外包，能够显著提升自身生产效率与业务运行效率。霍景东和黄群慧（2012）指出，服务外包与产品外包存在较大差异，前者面临更为激烈的市场垄断环境，且将非核心服务转嫁有利于降低交易成本。杨英楠（2015）认为，我国制造企业从价值链低端的外包承接方到部分优秀企业主动转移非核心服务业务的发包方，体现了价值链地位的改变。那些主动将低价值链服务外包的制造企业实施了外包性服务化模式。张培和李楠（2018）提出，制造企业将低价值服务外包，并由服务方替代制造企业完成必要的劳务、运营、培训、客服工作等，构成外包性服务化模式的基本内容。

从外包性服务化模式的主要研究成果可以发现：（1）外包服务是近年来新兴的制造企业服务化模式，其通过剥离非核心服务业务以及非核心资产运营来完成既定服务工作，得到了部分学者的认可。这表明本书将该模式纳入服务化主要模式，具有一定的理论和实现基础。（2）虽然学者们就外包性服务化模式的表述不尽一致，但均表达了"将低价值、非核心服务业务外包"的实质。因而，本书在把握上述概念意涵的基础上，沿用贝桑科等（1996）的表述来界定该模式。（3）按照业务细分，外包性服务化模式主要包含劳务、运营、培训、客服工作等外包业务，这为本书精准识别外包性服务化模式奠定了理论基础。

3.1.3 本书划分

1. 本书对服务化模式的划分

经前文分析，在制造企业服务化模式划分方面，多数学者基于自营视角分类，忽视了外包性服务化模式（陈漫和张新国，2016；王丹和郭美娜，2016），因而本书将以往文献中未曾关注的外包性服务化模式纳入服务化系统，为全面考察不同服务化模式的经济后果提供可靠依据。进言之，从自营角度看，制造企业服务化方向主要沿着价值链开展（刘斌等，2016），在价值链前端易形成以智力支持为导向的高级服务化模式，即知识性服务化模式；在价值链中后端则易开展以产品为导向、以配套服务为辅助的低级服务化模式，即产品延伸性服务化模式。鉴于此，本书兼顾自营与外包两视角，结合前人成果及研究不足，将制造企业服务化模式划分为三类，分别是知识性服务化模式、产品延伸性服务化模式以及外包性服务化模式。

同时，如上文所述，在划分知识性服务化、产品延伸性服务化、外包性服务化三种模式的基础上，参考迈尔斯（2005）、图克（2004）及李晓华（2017）、贝桑科等（1996）学者的概念表述与细分业务阐述，本书结合样本，将制造企业涉及的服务模式细分为咨询服务、系统开发服务、解决方案服务、设计与开发服务、售后服务、物流服务、劳务外包服务、运营外包服务、培训与客服外包服务9种。具体如表3-1所示。

表3-1　本书的制造业服务化模式分类及其细分

服务化模式	业务类别	关键词描述
知识性服务化模式	咨询服务	经营管理咨询、技术服务、技术咨询、经济信息咨询等
	系统开发	软件、信息系统开发等
	解决方案服务	节能服务、能源合同管理等
	设计与开发服务	工程设计、产品研制/开发等
产品延伸性服务化模式	售后服务	设备或工程安装、系统或设备维护、保养等
	物流服务	仓储、运输、装卸或搬运等
外包性服务化模式	劳务外包服务	外包劳务、工程等
	运营外包服务	外包人事管理、业务运作、财务会计等
	培训与客服外包服务	外包人力资源培训、客户服务等

2. 本书对服务化模式的判定

目前对制造企业服务化模式的判定与测度较为棘手（刘建国，2016），学界尚未形成统一的度量与分析方法。纵观以往文献，考察制造企业服务化经济后果等问题所采用的测度方式主要有以下四种：（1）从行业层面测度服务化，利用制造业服务化投入产出数据表，测算我国制造业服务投入与产出数量及结构，如利昂蒂夫（Leontief，1986）、袁志刚和饶璨（2014）等；（2）从实地调研角度测定，以问卷统计数据作为服务化变量测度，如张辉（2013）、杨志波（2018）等；（3）从企业经营范围视角，通过对其已公布的经营信息，判定制造企业是否实施服务化，如尼利（2007）、陈丽娴（2017）等；（4）从企业业务收入视角，基于企业公布的营业收入明细来测度制造企业服务化是否开展服务化行动,如方等(2008)。

以上四种测度方法有一定的合理性,但依然存在不足:第一种服务化测度方式依托于行业投入产出数据,其以行业异质性为研究视角,并不适用于本书微观层面的研究,因而无法参考;第二种服务化测度方式以实地调研或问卷调查为前提,相应问卷统计信息可能存在数据失真、样本不足等问题,也无法支持本书样本充足、数据精准的要求;第三种服务化测度方式仅从经营范围考察,融入了过多的企业工商注册信息,可能存在相应服务业务注册但未开展的情况,无法真实判定制造企业服务化实践;第四种服务化测度方式有一定的合理性,但仅通过营业收入信息判定缺乏进一步佐证,可能存在信息失真的问题。综合比较分析,本书结合经营范围分析法与营业收入(或支出)分析法作为判定方式,以此实现对制造企业服务化不同模式的变量定义。

进言之,本书通过以下方式实现对制造企业服务化模式的判定:(1)下载、查阅《经营范围变更公告》及《财务报告》等,通过查看制造企业的经营产品名称、经营产品类型和经营范围等信息,初步判断企业是否开展服务业务;(2)结合国民经济行业分类标准(GB/T4754-2011)判断相应业务是否从属服务领域;(3)根据制造企业年报,查阅主营业收入等构成,手工收集每家制造企业的服务业务收入和外包费用支出,判定其服务化模式;最后结合国民经济行业分类标准(GB/T4754-2011)综合判断制造企业具体业务是否属于服务领域以及以何种服务化模式呈现。

3. 本书服务化模式的样本选取

本部分样本来自沪深两市 A 股主板上市的制造企业,剔除了 ST、*ST 和 PT 类企业。实施服务化的样本来自 2008~2017 年所有主板上市制造企业(除"戴星戴帽"外)的相关公告信息,在剔除服务化模式类别交叉以及涉及房地产开发服务等上市公司的基础上,共获得 4 278 个服务化样本。经手工搜集和多次筛选,知识性服务化模式样本 1 301 个,产品延伸性服务化模式样本 1 002 个,外包性服务化模式样本 1 975 个。除不同服务化模式判定需手工收集和整理外，其他所有初始数据和信息均来自 Wind 咨询、Choice 金融及 Csmar 数据库。

3.2 制造企业服务化模式的现状描述

不同服务化模式可能具有差异化表现（杨仁发和刘纯彬，2011；戴翔，2016；肖挺，2018）。制造企业三种服务化模式既可能有共性发展趋势，又可能存在一定差异。本部分结合手工收集和整理的 2008~2017 年实施不同服务化模式的主板制造业样本，并从类别、时序、行业、区域、产权、占比、状态七个维度对其进行描述性统计，以此分析我国制造企业实施不同服务化模式的现状。

从制造企业实施服务化模式样本的类别分布看，如表 3-2 所示，我国制造企业服务化行动涉及知识性、产品延伸性、外包性三大服务化类型，不同模式的样本观测分别为 1 301 个、1 002 个、1 975 个，总体分布较均匀，占比分别为 30.41%、23.42%、46.17%。以上样本总数与陈丽娴（2017）对制造企业服务化企业的统计样本数量差异不大。其中，有 310 个服务化模式重叠的样本被剔除，交叉重复样本较少，表明实施服务化的制造企业模式较单一，交叉样本的处理不影响整体分析。同时，制造企业服务化业务类别存在显著差异，系统开发、设计与开发服务、物流服务、劳务外包服务样本较多，各自占比为 24.83%、59.66%、68.50%、78.65%，且产品延伸性服务化模式样本较其他两种模式样本更少，表明多数制造企业更倾向于选择与知识性服务化模式及外包性服务化模式相关的服务业务，轻资产、重研发特征明显，这与近年来制造业向价值链两端攀升的趋势吻合。

表3-2 制造企业服务化模式样本的类型分布情况

服务化模式	业务类别	样本数（个）	所占比例（%）
知识性服务化模式	咨询服务	117	8.97
	系统开发	323	24.83
	解决方案服务	85	6.55
	设计与开发服务	776	59.66
	总计	1 301	100
产品延伸性服务化模式	售后服务	316	31.50
	物流服务	686	68.50
	总计	1 002	100
外包性服务化模式	劳务外包服务	210	78.65
	运营外包服务	41	15.36
	培训与客服外包服务	16	5.99
	总计	1 975	100

从制造企业实施服务化模式样本的时序分布看，如表3-3所示，2008~2017年实施服务化的制造企业样本均有分布，且无论是知识性服务化模式、产品延伸性服务化模式还是外包性服务化模式，新增样本在统计期间均逐年递增。例如，实施知识性服务化模式的制造企业样本数由2008年的78个增长至2017年的172个。同期间，开展产品延伸性服务化模式的制造企业样本数从71个递增至131个，外包性服务化模式的制造企业样本数从162个升至208个。这表明，向服务化转型是我国近年来制造业的新趋势，各年新开展不同服务化模式的制造企业不断增多。再者，历年制造企业服务化样本中，2013年前的样本数较少，而之后的样本数显著攀升，相应占比均在10.00%以上，表明近年来我国制造业服务化步伐加快、服务化转型日益受到制造业追捧，这与我国近年来制造业劳动力成本上升、传统业务利润空间萎缩以及向价值链高端转型的时代背景相契合。因而，我国实施不同类型服务化的制造企业呈现明显增多态势。

表3-3　　　　　制造企业服务化模式样本的时序分布情况

年份	知识性服务化模式 样本数（个）	知识性服务化模式 所占比例（%）	产品延伸性服务化模式 样本数（个）	产品延伸性服务化模式 所占比例（%）	外包性服务化模式 样本数（个）	外包性服务化模式 所占比例（%）
2008	78	6.00	71	7.09	162	8.20
2009	80	6.15	78	7.78	171	8.66
2010	93	7.15	82	8.18	193	9.77
2011	113	8.69	89	8.88	201	10.18
2012	125	9.61	96	9.58	204	10.33
2013	149	11.45	108	10.78	210	10.63
2014	160	12.30	105	10.48	209	10.58
2015	161	12.38	116	11.58	207	10.48
2016	170	13.07	126	12.57	210	10.63
2017	172	13.22	131	13.07	208	10.53
总计	1 301	100	1 002	100	1 975	100

从制造企业实施服务化模式样本的行业分布看，如表3-4所示，2008~2017年实施服务化的样本涵盖了 C13~C43 的多数制造业细分领域，且上述细分样本在知识性服务化模式、产品延伸性服务化模式、外包性服务化模式中均有分布，表明制造业细分领域呈现出较一致的服务化行动。此外，知识性服务化模式中，C39 计算机、通信和其他电子设备制造业占比较高；产品延伸性服务化模式中，C27 医药制造业占比较高；外包性服务化模式中，C26 化学原料和化学制品业占比较高，这表明计算机、通信和其他电子设备制造业更倾向于选择知识性服务化模式，医药制造业更倾向于选择产品延伸性服务化模式，化学原料和化学制品业则倾向于选择外包性服务化模式，即不同制造企业更容易通过所属细分领域实施差异性服务化模式。

表3-4　　　　　制造企业服务化模式样本的行业分布情况

行业	知识性服务化模式 样本数（个）	知识性服务化模式 所占比例（%）	产品延伸性服务化模式 样本数（个）	产品延伸性服务化模式 所占比例（%）	外包性服务化模式 样本数（个）	外包性服务化模式 所占比例（%）
C13	0	0	38	3.79	93	4.71
C14	10	0.77	25	2.50	10	0.51
C15	25	1.92	14	1.40	96	4.86
C18	10	0.77	22	2.20	95	4.81
C20	0	0	0	0	20	1.01
C21	2	0.15	9	0.90	0	0
C23	0	0	0	0	20	1.01
C22	0	0	46	4.59	20	1.01
C24	10	0.77	0	0	0	0
C25	0	0	12	1.20	35	1.77
C26	36	2.77	109	10.88	276	14.89
C27	68	5.23	119	11.88	294	13.97
C28	10	0.77	0	0	0	0
C29	19	1.46	12	1.20	77	3.90
C30	7	0.54	44	4.39	94	4.76
C31	11	0.85	36	3.59	104	5.27
C32	60	4.61	29	2.89	110	5.57
C33	12	0.92	12	1.20	17	0.86
C34	44	3.38	94	9.38	97	4.91
C35	109	8.38	109	10.88	50	2.53
C36	200	15.37	106	10.58	115	5.82
C37	47	3.61	40	3.99	73	3.70
C38	192	14.76	62	6.19	110	5.57
C39	349	26.83	64	6.39	149	7.54
C40	38	2.92	0	0	10	0.51
C41	28	2.15	0	0	10	0.51

续表

行业	知识性服务化模式		产品延伸性服务化模式		外包性服务化模式	
	样本数（个）	所占比例（%）	样本数（个）	所占比例（%）	样本数（个）	所占比例（%）
C42	14	1.08	0	0	0	0
C43	0	0	0	0	0	0
总计	1 301	100	1 002	100	1 975	100

注：制造业行业细分参见证监会《上市公司行业分类指引》（2012年版）。

从制造企业实施服务化模式样本的产权分布看，按照所有制对从属不同服务化模式的样本进行统计（见表3-5），国有企业样本数总体少于非国有企业样本数。其中，知识性服务化模式中，国有制造企业样本占比为40.39%，低于非国有制造企业样本的59.61%；产品延伸性服务化模式中，国有制造企业样本多于非国有企业样本，其样本数为570个，占比为56.93%，而实施该类型服务化的非国有制造企业样本数为432个，占比为43.07%；外包性服务化模式中，实施相应服务化的非国有制造企业样本依旧占绝大多数，占比64.51%。以上均表明，三种服务化模式中，除产品延伸性服务化模式外，非国有制造企业服务化样本数偏多，占比较大。

表3-5 制造企业服务化模式样本的产权分布情况

产权	知识性服务化模式		产品延伸性服务化模式		外包性服务化模式	
	样本数（个）	所占比例（%）	样本数（个）	所占比例（%）	样本数（个）	所占比例（%）
国有	525	40.39	570	56.93	696	35.49
非国有	776	59.61	432	43.07	1 265	64.51
总计	1 301	100	1 002	100	1 975	100

从制造企业实施服务化模式样本的区域分布看，按照东部地区与非东部地区对从属不同服务化模式的样本进行统计（见表3-6），东部地区实施三种服务化模式的样本较多，样本数分别为976个、647个、1490个，占各类服务化模式样本总数的75.04%、64.57%、75.44%，说明东部地区制造业向三种服务化模式转型的意愿较强烈。此外，中西部地区三种服务化模式样本数远不及东部地区，表明东部地区制造企业延伸性服务化行为无论从数量还是占比方面，均远超中西部地区。以上表明，制造企业服务化模式具有典型的区域特征，即不同服务模式下，东部制造企业服务化水平均高于中西部。

表3-6　　　　　　　制造企业服务化模式样本的区域分布情况

区域	知识性服务化模式		产品延伸性服务化模式		外包性服务化模式	
	样本数（个）	所占比例（%）	样本数（个）	所占比例（%）	样本数（个）	所占比例（%）
东部地区	976	75.04	647	64.57	1 490	75.44
中西部地区	325	24.96	355	35.43	485	24.56
总计	1 301	100	1 002	100	1 975	100

注：东部地区：北京、天津、河北、辽宁、上海、江苏、浙江、福建、山东、广东、广西、海南。其他地区为中西部地区，其中，中部地区：山西、内蒙古、吉林、黑龙江、安徽、江西、河南、湖北、湖南；西部地区：重庆、四川、贵州、云南、西藏、陕西、甘肃、宁夏、青海、新疆。

从制造企业实施服务化模式样本的业务占比看，对实施不同服务化模式的制造企业收入占比状况进行统计（见表3-7）。其中，1 301个知识性服务化模式样本中，相关服务业务占主营业务收入比重的均值为17.07%；1 002个产品延伸性服务化模式样本中，相关服务业务占主营业务收入比重的均值为14.25%；1 975个外包性服务化模式样本中，相关服务业务占主营业务收入比重的均值为9.46%。以上表明，三种服务化模式下相关服务业务占主营业务的比重较高，易对制造企业业绩产生较大影响。

表 3-7　　　制造企业服务化模式样本的主营业务占比情况

占比	知识性服务化模式 样本数（个）	知识性服务化模式 所占比例（%）	产品延伸性服务化模式 样本数（个）	产品延伸性服务化模式 所占比例（%）	外包性服务化模式 样本数（个）	外包性服务化模式 所占比例（%）
服务业务占主营业务收入（成本）比重	1 301	17.07	1 002	14.25	1 975	9.46

从制造企业实施服务化模式样本的状态看，其状态可分为两类：一是持续性服务化的状态，即制造企业一直实施特定的服务化模式，自始至终未发生间断或改变；二是间断性服务化的状态，即制造企业服务化过程缺乏连贯性，服务化过程时有时无。表 3-8 统计了制造业服务化模式的状态特征，从中可以发现，制造企业实施三种服务化模式时大多进行了持续推进，如 91.72% 的知识性服务化模式实施样本具有连贯性，81.10% 的产品延伸性服务化模式样本服务化过程中未间断，86.52% 的外包性服务化模式样本具有一贯性表现。因而，三种不同制造业服务化模式总体表现出持续推进的状态。

表 3-8　　　制造企业服务化模式样本的状态情况

状态	知识性服务化模式 样本数（个）	知识性服务化模式 所占比例（%）	产品延伸性服务化模式 样本数（个）	产品延伸性服务化模式 所占比例（%）	外包性服务化模式 样本数（个）	外包性服务化模式 所占比例（%）
持续性服务化	1 193	91.72	813	81.10	602	86.52
非持续性服务化	108	8.28	189	18.90	1 373	13.48
总计	1 301	100	1 002	100	1 975	100

3.3 制造企业服务化模式的典型案例

1. 国美通讯开展知识性服务化模式取得成效[①]

国美通讯设备股份有限公司（以下简称"国美通讯"）成立于1989年，于1996年在上海证券交易所（以下简称"上交所"）主板市场上市，在《上市公司行业分类指引（2012年修订）》中归属于制造业中的设备制造行业，主要经营业务为家电、机械电器设备、五金交电、化工、通信器材等。由于市场竞争加剧以及制造业市场整体表现平淡，国美通讯家电销售等主营业务利润增速放缓。其中，2011~2015年家电业务贡献利润总体表现出下滑特征，各年带来主营业务收入87 265万元、68 378万元、74 982万元、77 194万元、82 484万元，分别占总营业收入的93.36%、92.50%、92.44%、93.61%、93.74%。2016年，为改变传统家电业务收入增长受限的困境，国美通讯于2016年谋求向利润空间更大且更具专业性的服务领域转型。

2016年，国美通讯调整经营范围，在保持已有家电主业的基础上，依靠长期积累的家电与通讯设备研发与设计经验，开始探索向客户提供设计与开发服务的业务，并将之确定为主营业务之一。2016年当年，国美通讯传统家电业务对主营业务收入的贡献下降至64.86%，而通信设计与开发等新开展的知识性服务化业务取得了较好财务表现，当年带来主营业务收入14 243万元、主营业务利润6 081万元，主营业务收入占比12.39%，毛利率高达34.54%。至2017年，相应知识性服务业务收入占比增长至32.05%，贡献了70 475万元的主营业务收入，较上年增长约394.80%；主营业务利润9 725万元，同比增长59.92%；毛利率较可观，为27.31%。

国美通讯从以往单一家电与设备生产销售向知识性服务化商业模式转变，取得了积极效果，是传统制造业实施知识性服务化模式的成功典型。该

---

① 资料来源：笔者根据相关资料整理。

公司凭借自身在家电及通信设备领域积累的长期研发与设计经验，面对激烈的市场竞争环境，主动从"微笑曲线"低端向提供专业知识性服务的价值链高端迈进，扭转了低端制造和销售的微利困境，并利用高附加值的知识资本走上了一条高利润、高附加值的"高质量发展"之路。

2. 华北制药实施产品延伸性服务化模式带来困境①

华北制药股份有限公司（以下简称"华北制药"）成立于1992年，1994年在上交所挂牌，根据证监会行业划分从属医药制造业。公司主要经营业务有医药化工品、植物提取物的生产与销售等。鉴于青霉素、头孢、维生素等医药产品销量喜人，公司在2012年确定了围绕医药产品提供医药物流贸易服务的业务，以期更好发挥医药产品功能和满足下游客户物流需求，即实施了产品延伸性服务化模式。

2012年开始，医药物流贸易业务成为华北制药的主营业务之一，从当年起的五年中，医药物流贸易业务收入占主营业务收入的比重较大，分别为26.27%、29.78%、34.95%、25.37%、27.23%。虽然华北制药力图通过开展医药物流来支持医药产品销售，但医药物流服务原先由第三方提供，且市场上医药物流企业竞争激烈，加之该公司盲目进入不熟悉的医药物流这一新服务领域，无法像深耕多年的医药制造一样体现竞争优势，这使得公司医药物流贸易业务毛利率处于较低水平，自2012年起五年中毛利率分别为1.70%、1.35%、1.21%、0.94%、0.34%，其间毛利率持续下滑趋势明显，且远低于同期间传统医药产品带来的两位数毛利率。

华北制药围绕医药产品向价值链延伸并提供物流服务，彰显了以服务支持产品的理念，是产品延伸性服务化模式的典型做法。但是，相较已形成显著竞争优势的医药产品，盲目将医药物流作为主营业务之一具有不适应性。公司不仅需要面对来自新领域的激烈竞争，还由于选择处于价值链低端的服务领域，难以在同质化严重的物流服务中获取可观利润，进而影响整体利润空间和业绩表现。

---

① 资料来源：笔者根据相关资料整理。

3. 广州浪奇开展外包性服务化模式实现蜕变[①]

广州市浪奇实业股份有限公司（以下简称"广州浪奇"）原名"广州油脂化学工业公司"，成立于1992年，注册资本高达6亿元，是一家主营洗涤用品生产与销售的大型企业。公司在1993年成功登陆深圳证券交易所（以下简称"深交所"），所属行业为化学制品制造业。根据公司2013年前披露的财务报告显示，工业及民用洗涤业务构成广州浪奇的主要业务。由于公司的民用洗涤业务深受销售收入下滑与人工成本增长压力，迫使公司在优化内部资源使用效率方面做出变革。2010~2012年，广州浪奇民用产品主营业务收入增速各年为23.88%、8.24%、13.33%，分别占主营业务收入总额的63.59%、43.35%、31.19%。而同期间民用产品的主营业务成本增速分别为25.25%、12.54%、27.75%，占主营业务成本的59.56%、40.24%、27.25%，且其远高于相关收入增幅，对业绩造成拖累。2013年，广州浪奇意识到民用洗涤业务将耗费大量人工及储运成本，发布公告拟支付劳务外包报酬2 992万元，对民用洗涤业务中非核心环节的加工作业进行劳务外包，即从全面生产制造向劳务等非核心业务外包的服务化模式转变。

2014年是广州浪奇正式开展外包性服务化模式的首年，公司对专用程度不高的劳务实施外包，特别是将民用产品部分制造与储运业务通过外包给第三方服务的方式来改变劳务冗余、低效带来的非必要成本持续增加问题。通过实施外包服务化模式，公司非核心劳务业务的沉淀成本与用途损失得到抑制。2014~2017年，广州浪奇民用洗涤产品收入与成本日益匹配，民用洗涤资源损耗开始得到优化。2014年，公司民用洗涤领域发生主营业务收入与成本各自为184 351万元和160 178万元，其后数年间前者增速总体高于后者。随着外包性服务化模式的深入开展，至2017年，公司民用产品毛利率创下近十年新高，达到18.42%，改变了以往销售收入下滑与成本激增的局面。

广州浪奇作为典型的龙头洗涤制造企业，从公司成立以来一直拥有较雄

[①] 资料来源：笔者根据相关资料整理。

厚的资本。面对不断攀升的人工成本和平淡的营业收入，其针对洗涤用品生产与销售中的非核心劳务服务环节，将之外包于服务更专业、定价更合理的外部供应商，即开展了外包性服务化模式。以上劳务服务具有非核心、专用性不高但占主营业务成本比重较大的特征，采用外包性服务化模式可为公司节省大量非必要成本损耗，实现销售收入与成本的合理配比，最终促进毛利率等关键业绩指标的提升。

3.4 本章小结

面对制造企业服务化经济后果的不一致研究结论，特别是"服务化悖论"观点的存在，本章从商业异质性视角，着重对制造企业服务化进行模式划分。通过对已有成果的梳理，我们发现多数文献基于自营视角，围绕价值链前端服务及中后端服务，对制造企业服务化类型予以划分，具有一定科学性。因此，本章借鉴前人成果，从自营视角确定了知识性服务化模式和产品延伸性服务化模式。值得一提的是，现有服务化类型划分忽视了外包性服务化模式（刘继国和李江帆，2007；陈漫和张新国，2016；王丹和郭美娜，2016），我们进一步将之纳入其中，对前人成果进行补充，形成较为全面的知识性服务化模式、产品延伸性服务化模式、外包性服务化模式，并从典型案例角度分析了上述模式可能引发的不同经济后果。

在上述服务化模式框架下，本章从类别、时序、行业、区域、产权、占比、状态七个维度对不同服务化模式现状展开分析，并发现：（1）从制造企业实施服务化模式的类别看，多数制造企业更倾向选择与知识性服务化模式及外包性服务化模式相关的服务业务，这与近年来轻资产、重研发的价值链高端化趋势吻合。（2）从制造企业实施服务化模式的时序看，近年来我国制造业服务化步伐加快、服务化转型日益被制造企业追捧。（3）从制造企业实施服务化模式的行业看，知识性服务化模式中，C39 计算机、通信和其他电子设备制造业占比较高。产品延伸性服务化模式中，C27 医药制造业占比较高。外包性服务化模式中，C26 化学原料和化学制品业占比较高。不

第 3 章 制造企业服务化模式的类别与现状

同制造企业更容易通过所属细分领域实施差异性服务化模式。（4）从制造企业实施服务化模式的产权性质看，除产品延伸性服务化模式外，非国有制造企业服务化样本偏多，占比较大。（5）从制造企业实施服务化模式的业务占比看，三种服务化模式中相关服务业务占主营业务比重较大，可能会对制造企业业绩产生较大影响。（6）从制造企业实施服务化模式的所属区域看，东部地区制造企业在三种服务化模式下的服务化水平均高于中西部地区。（7）从制造企业实施服务化模式的状态看，不同服务化模式均表现出持续推进状态。

第4章

知识性服务化模式的经济后果研究

知识性服务化模式是我国制造企业服务化转型中的重要模式，从商业模式异质性视角探讨其对制造业上市公司的微观经济后果具有重要意义。在内外部约束下，知识性服务化模式和制造企业财务业绩及市场业绩有着怎样的关系？其作用机制是什么？本章将具体考察制造业上市公司实施知识性服务化模式的经济后果，分析其中的作用机制以及终极控制人性质、地区市场化程度等内外部约束对两者关系的影响。最后，考虑时间滞后因素、经济周期因素、服务状态因素等，进一步探讨不同因素对知识性服务化模式经济后果的影响。

4.1 引言

随着工业化进程的持续推进，我国已成为举世瞩目的制造大国，但原始创新能力与关键核心技术有待加强，制约着我国制造业向高质量发展。若想从制造大国向制造强国迈进，需要重视知识积累与创新培养，特别是持续发挥知识性引擎的作用，以此推动制造企业的转型升级。知识性服务化模式是指那些显著依赖专门领域的知识经验、向用户提供以知识为基础服务的商业模式（Miles，2005），它是制造企业服务化转型战略中的重要模式，理论上具有高科技含量、高价值创造、高利润空间的"三高"特征（魏江和胡胜蓉，2007）。随着知识经济的到来，以研发设计为主要服务内容的知识性服务化模式备受瞩目。优秀制造企业通过锚定价值链高附加值环节，供给知识性服务，获取新利润增长点。例如，IBM公司在连续多年亏损的困境下，选择由电子产品制造商向信息技术服务者转变，着力打造系统设计与技术开发等知识性服务内容，仅云计算技术服务一项业务，2018年就为公司带来超过百亿美元的营业收入，年度增速超过25%。可以说，知识与技术创新是知识性服务化模式中的关键，在价值链中占据着有利位置，这使得越来越多的制造企业积极作为，主动选择该服务化模式进行转型升级，其经济后果备受学术与业界关注。

然而，现有研究多从服务化整体视角考察其对制造企业业绩的影响，较少从知识性服务化模式的角度展开分析与检验。更值得关注的是,"服务化悖论"观点得到部分学者验证,即制造企业实施服务化并不能显著提升公司业绩。上述结论是否适用于知识性服务化模式,尚未有微观层面的经验证据。那么,我们不禁要问,更具创新特征的知识性服务化模式将对制造企业业绩产生何种影响?是既往文献一概而论的"正向促进观""服务悖论观",还是根本不产生任何影响?这一问题值得我们深入分析与科学检验。本章将聚焦知识性服务化模式,从商业模式异质性视角,考察该服务化模式对制造企业经济后果的影响,其对回答和解释既往不一致的研究结论有积极作用。

具体来讲,本章基于知识基础理论和企业能力理论,以 2008~2017 年实施知识性服务化模式的制造企业为关注对象,在剔除开展产品延伸性服务化模式及外包性服务化模式的制造企业基础上,大样本考察上述服务模式与制造企业业绩间的实质关系,并基于终极控制人、市场化程度差异来探讨知识性服务化模式的经济后果。此外,通过变量替换、Heckman 两阶段估计、动态面板 GMM 估计等方法做稳健性测试,以此保证基准回归结论的可靠性。最后,从作用机制、时滞效应、经济周期和不同服务化状态角度进一步讨论知识性服务化模式对业绩产生的影响。

4.2 理论分析与研究假设

知识基础理论(Knowledge-based Theory)认为,"知识"是构建和形成企业核心竞争力的关键(Barney,1991),而知识性服务化是制造企业利用稀缺性、价值性知识经验,不断创造、加工、整合、产出知识库(Li,2015),为直接或潜在客户供给咨询、开发、设计等高价值集成服务的全过程,因而能够为之带来丰厚的经济回报。

社会分工和知识经济大环境下,传统生产及服务活动越来越依靠知识资本来实现增值。在以上服务过程中,知识性服务化企业扮演着"专家"集合体的积极角色(薛立敏,1993),其摒弃了劳动力、土地等传统生产要素,利用高附加值的知识资本(intellectual capital)使服务更加专业、迂回

（Cappelli，2001），也更适应制造业社会分工变革带来的挑战，为企业维持和获取高经济收益保驾护航。这使得知识性服务化模式成为制造企业斩获超额报酬的法宝（卢馨和黄顺，2009）。进言之，知识性服务化模式下，制造企业借助其所拥有的智力资本，通过与其他生产要素的有效结合来创造价值，进而维持和拓展利润空间。首先，知识性服务化模式为客户带去新的外部知识，推动企业技术与组织创新，使得企业获得创新效益；其次，制造企业在提供知识性服务过程中，自身的知识得到更新，也会带来绩效的增长（Muller and Zenker，2001）；最后，知识性服务化模式为制造企业塑造了"资源位障碍"，有效地阻止了潜在竞争者进入。根据知识基础理论所提炼的关键资源属性，相对于有形产品而言，知识性服务化业务在企业和市场具有稀缺性、不可模仿性和不可替代性（Matthyssens and Vandenbempt，1998；Vargo and Lusch，2004），为其构建了竞争者进入障碍（Donaldson，1986），有助于形成独特的市场竞争优势，促进财务业绩提升。基于以上讨论，本书提出如下假设：

H4-1：制造企业实施知识性服务化模式能够显著增强财务业绩。

企业能力理论（Competence-based Theory of the Firm）认为，制造企业能力有别于资源，其重点关注"人"这一载体（Park et al.，2004），只有提升"人"的参与度与贡献度，才能为企业带来源源不断的发展潜力。换言之，能力是企业间业绩差异的核心变量，制造企业牢牢把握消费者这一关键群体（Gebauer and Fleish，2005），为之提供低替代性、高价值的服务，有利于赢得客户口碑并获得可观的市场效益。

制造企业通过设计、开发等活动来提供知识性服务，这种差异化服务能够吸引新的客户并保持住现有客户，通过不断扩大市场份额，提升自身的市场业绩。知识性服务业务需要在不断与客户互动中开展，知识的创造过程和服务过程具有一体化特征，主要由三个阶段促成：一是整合外部知识以获得与客户服务需求相关的显性知识和隐性知识；二是将隐性知识转化为显性知识，并通过模块化方式来进行重新组合，以方便知识的有效利用；三是将组合后的知识性业务向客户传递，在获得知识需求更新的同时实现市场经济价值。换言之，知识性服务是一个不断与客户相互作用的循环过程，在每一次循环中，知识性服务业务的基础都在不断地扩展和完善，新获知识与公司原有知识整合形成叠加效应（Miles，2005），这使得制造企业与顾客间的联系日益紧密，增加了制造企业顾客的转移成本，从而牢牢地"锁住"了既有顾客。在传统的有形产品交易中，顾客与供应商处于一个彼此相对独立的状态，企业的生产与传递环节相互分离，而服务的生产、供给与消费却可以同时完成（De，1991）。因而在顾客与供应商间的互动过程中，知识性服务化模式能够提高市场黏度。此外，顾客与供应商之间的合作与知识共享程度是完成服务业务的重要环节，知识性服务使顾客深深地嵌入到交易之中。因此，知识性服务化模式增加了制造企业顾客的忠诚度（Fang et al.，2008；Rust et al.，2004），从而对顾客产生锁住（lock-in）效应，促进企业市场业绩提升。基于以上讨论，本书提出如下假设：

H4-2：制造企业实施知识性服务化模式能够显著增强市场业绩。

产权性质对企业业绩表现具有重要影响（Miller and Breton，2010）。在我国，制造企业按照终极控制人不同分为国有制造企业及非国有制造企业。相较其他类型企业，国有企业名义上归全民所有，但实践中产权并不明晰，时常面临"所有者缺位"的问题，因而企业高管极端决策行为带来的经营风险较大。作为政府控制的国有企业除了承担经营目标外，还需要肩负扩大就业、保持国家战略安全等政策性目标（林毅夫等，2004），其虽然有利于社会整体利益的实现，但过多盈利之外目标的存在使国有企业成为行政和市场的混合体，容易给企业业绩带来负面影响（曾庆生和陈信元，2006）。廖冠民和沈洪波（2014）的实证研究表明，过重的政策性负担显著降低了国有企业的经营业绩与市场业绩。对比非国有企业，社会责任过重、薪酬激励机制不完备、市场化竞争意识不强烈等均限制了国有制造企业的创新产出（李丹蒙和夏立军，2008），开展知识性服务化模式可能无法快速而广泛地向市场供给开发、咨询等服务业务，相应的知识性服务化业务产出效益可能不及其他所有制制造企业。进一步地，民营等其他类型制造企业往往面临更大的市场竞争（Kato and Long，2006），加之国家产业政策干预较少的现实，其更有动机开展开发、咨询、方案设计等知识性服务化模式，也更有动力通过积极实施上述服务化模式提升自身经济效率，以服务化转型获得业绩提升。基于以上讨论，本书提出如下假设：

H4-3：较国有制造企业，非国有企业实施知识性服务化模式对业绩的提升作用更明显。

同地区制造企业面临类似的行业环境与营商条件（李丹蒙等，2018），企业所在地区的差异对其战略实施效果有很大的影响。一方面，经济发展不均衡是我国重要的现实国情，东部等发达地区的市场发育程度更成熟，在商业环境、要素流动、消费水平等方面均优于中西部地区，这使得处于东部地区的制造企业通过服务化转型的动力更强劲，实施知识性服务模式时也更少受到非市场因素的干扰，有利于获得市场的"正回馈"。另一方面，市场化进程偏低的中西部地区，地方政府对包括制造类上市公司在内的企业干预程度更高（王克敏等，2015），部分制造企业在推动知识性服务化转型过程中可能遇到较大的政策干预与垄断性竞争压力，制约知识性服务化模式经济效果的显现。最后，相较中西部地区，东部地区愿意且有能力对稀缺性人力资源支付更高薪酬，部分制造企业在实施知识性服务化时，能够有效吸纳创新性人才，积极发挥高价值链服务功能，以"智力资本"驱动业绩提升。基于以上讨论，本书提出如下假设：

H4-4：较其他地区，东部地区制造企业实施知识性服务化模式对业绩的提升作用更明显。

4.3 研究设计

4.3.1 样本及数据来源

本书选择 2008~2017 年所有沪深两市 A 股主板上市制造企业作为研究样本，并进行了以下处理：（1）剔除所有被特殊处理的企业；（2）剔除所有存在数据残缺的样本企业；（3）剔除房地产开发等与制造企业价值链服务无关的开展多元化业务样本；（4）剔除已实施其他类别服务化模式（如产品延伸性或外包性服务化）的交叉样本，以控制其他服务化模式对回归结果的影响；（5）特别地，制造企业服务化与多元化有所区别。多元化是企业扩张的一种战略（赵凤等，2012），多元化经营跨越多个行业、部门和市场（游家兴和邹雨菲，2014），而服务化是企业多元化经营中的一种模式（陈洁雄，2010）。本书在筛选制造企业服务化样本时参考陈漫和张新国（2016）等学者的样本识别方法，进一步将房地产开发等与制造企业价值链服务无关的多元化样本剔除。最终我们共计得到 6 469 个年度观测值，其中实施知识性服务化模式的制造企业共 212 家 1 301 个公司年度观测值。

本书数据主要来自 Wind 咨询、Choice 金融及 Csmar 数据库，其中知识性服务化样本经过手工整理得到。需要指出的是，知识性服务化样本源于对上市公司《经营范围变更公告》及《财务报告》等的识别与整理（《上市公司信息披露管理办法》第二十二条规定：发生可能对上市公司证券及其衍生品种交易价格产生较大影响的重大事件，投资者尚未得知时，上市公司应当立即披露，说明事件的起因、目前的状态和可能产生的影响），并遵循以下程序执行：（1）下载、查阅《经营范围变更公告》及《财务报告》等，通过查看企业的经营产品名称、经营产品类型和经营范围等信息，初步判断企业是否开展服务业务；（2）结合国民经济行业分类标准（GB/T4754 - 2011）判断相应业务是否属于服务领域；（3）根据企业年报，查阅营业收入构成，手工收集每家制造企业的服务业务收入和非业务收入；（4）结合国民经济行业分类标准（GB/T4754 - 2011）判断相应业务是否属于服务领域。

4.3.2 变量定义

1. 被解释变量

微观层面上的经济后果主要体现在对公司财务业绩与市场业绩的影响（姜付秀等，2014；赵宜一和吕长江，2015）。借鉴已有文献，对本书中所涉及的企业经济后果变量做出如下定义：

公司财务业绩（financial performance）：多数文献主要采用资产收益率

(ROA) 作为度量指标 (Burgstahler and Dichev, 1997; 吕长江和巩娜, 2009; 陈冬华等, 2010; 逯东等, 2015; 谢德仁等, 2018), 以企业税后净利润占资产总额的比重测度。

公司市场业绩 (market performance): 既往研究主要以托宾 Q 值 (Tobin's Q) 衡量公司市场业绩 (陆正飞和童俊莉, 2001; Adams et al., 2005; Cheng, 2008; 权小锋和吴世农, 2010; 陈信元和黄俊, 2016), 以公司权益市值与负债账面价值之和占总资产的比重测度。

2. 解释变量

知识性服务化模式 (KSM): 对企业知识性服务化行为可借鉴的指标较少, 仅有的文献以哑变量测度。综合尼利 (2007)、方等 (2008) 的方法, 结合《经营范围变更公告》《财务报告》《国民经济行业分类标准》等综合判定, 以经营范围内包含知识性服务化行为且年度主营业务构成中涉及相应服务收入为判定依据。当年实施知识性服务化模式取 1, 否则取 0。[①]

3. 控制变量

既有研究表明, 债务水平、公司规模、上市年龄、产权属性、董事会规模及独立性、高管稳定性、大股东持股、审计意见类型等因素可能影响公司业绩 (Fama and Jensen, 1983; 姜国华和岳衡, 2005; 廖冠民和陈燕, 2007; 林晓辉和吴世农, 2008; 陈正林和王彧, 2014; 李建标等, 2016; 朱滔和丁友刚, 2016; 杨德明和刘泳文, 2018), 我们为此控制了财务杠杆 (Lev)、企业规模 (Size)、企业年龄 (Age)、董事会规模 (Boardsize)、治理效率 (Indirecter)、两职合一 (Duality)、股权集中度 (Shareholder)、审计意见 (Opinion) 等变量。同时, 进一步控制了行业细分 (Ind) 和年度 (Year) 效应。各变量的具体定义见表 4-1。

[①] 在基准检验中, 采用哑变量方式对知识性服务化模式定义和回归。同时为保证结论可靠, 在稳健性测试中以实施相应服务化模式的主营业务占比作为变量界定, 并实施回归, 后文不再赘述。

表 4-1　　　　　　　　　　　　变量定义

变量类型	变量名称	变量标识	变量定义
被解释变量	公司财务业绩	ROA	企业税后净利润÷资产总额×100%
	公司市场业绩	Tobin's Q	(企业权益市值+负债账面价值)÷期末总资产
解释变量	知识性服务化模式	KSM	当年实施知识性服务化模式取1,否则取0,以经营范围内包含知识性服务化行为且年度主营业务构成中涉及相应服务收入综合判定
控制变量	企业杠杆	Lev	总负债÷总资产×100%
	企业规模	Size	企业年末总资产的自然对数
	企业年龄	Age	企业成立年数的自然对数
	董事会规模	Boardsize	董事会人数的自然对数
	治理效率	Indirecter	独立董事人数÷董事会人数×100%
	两职合一	Duality	是否存在董事长和总经理兼任情况,1表示存在兼任,0表示没有兼任
	股权集中度	Shareholder	第一大股东持股数÷总股本×100%
	审计意见	Opinion	出具标准无保留审计意见取1,否则取0
	所属行业	Ind	虚拟变量,根据中国证监会所颁布《上市公司行业分类指引(2012年修订)》的标准,制造业门类下的次类行业。具体分为C13~C43
	年度	Year	年份虚拟变量,该年取1,否则为0

4.3.3　模型构建

(1) 为了验证制造企业知识性服务化对公司财务业绩的影响,本章构建模型 (4.1)。

$$ROA_{i,t} = \beta_0 + \beta_1 KSM_{i,t-1} + \beta_2 Lev_{i,t-1} + \beta_3 Size_{i,t-1} + \beta_4 Age_{i,t-1}$$
$$+ \beta_5 Boardsize_{i,t-1} + \beta_6 Indirecter_{i,t-1} + \beta_7 Duality_{i,t-1}$$
$$+ \beta_8 Shareholder_{i,t-1} + \beta_9 Opinion_{i,t-1} + Ind + Year + \varepsilon_{i,t} \quad (4.1)$$

(2) 为了验证制造企业知识性服务化对公司市场业绩的影响,本章构建模型 (4.2)。

$$\begin{aligned}\text{Tobin's } Q_{i,t} = &\beta_0 + \beta_1 \text{KSM}_{i,t-1} + \beta_2 \text{Lev}_{i,t-1} + \beta_3 \text{Size}_{i,t-1} + \beta_4 \text{Age}_{i,t-1} \\ &+ \beta_5 \text{Boardsize}_{i,t-1} + \beta_6 \text{Indirecter}_{i,t-1} + \beta_7 \text{Duality}_{i,t-1} \\ &+ \beta_8 \text{Shareholder}_{i,t-1} + \beta_9 \text{Opinion}_{i,t-1} + \text{Ind} + \text{Year} + \varepsilon_{i,t} \quad (4.2)\end{aligned}$$

按照学术惯例，以上模式中对被解释变量外的其他变量作滞后一期处理，以缓解知识性服务化模式的内生性问题。此外，在考察不同所有制和地区对知识性服务化模式业绩的影响时，本书基于上述模型做进一步分组检验。

4.4 实证分析

4.4.1 描述性统计

表 4-2 报告了所有变量的描述性统计结果。资产收益率的平均值为 0.052，最小值为 -0.206，最大值为 0.223，表明制造企业财务业绩水平存有一定差异。托宾 Q 均值为 2.113，标准差为 1.265，最小值为 0.956，最大值为 9.386，说明样本企业市场业绩波动较大。特别地，知识性服务化指标均值为 0.201，标准差为 0.376，说明部分制造企业实施了知识性服务化模式，在总样本中所占比重较大。此外，控制变量中，企业杠杆均值为 0.415，标准差为 0.209，反映了制造企业资产负债水平较正常；企业规模均值为 21.966，最小值为 19.858，最大值为 25.441，表明制造企业具有规模大的特征；上市年龄均值为 2.762，说明多数制造企业成立年龄较长；董事会规模、治理效率、两职合一、股权集中度平均值分别为 2.151、0.371、0.253、0.387，标准差分别为 0.190、0.053、0.435、0.164，表明公司治理在多数制造企业发挥着作用；审计意见平均值为 0.996，标准差为 0.080，说明多数制造企业财务报告合格，被出具"标准"审计意见。上述主要变量统计特征与邱斌等（2012）、周念利等（2017）的描述性统计基本一致。

表 4-2　　　　　　　知识性服务化模式主要变量描述性统计

Variables	(1) N	(2) Mean	(3) Std	(4) Min	(5) Max
ROA	6 469	0.052	0.067	-0.206	0.223
Tobin's Q	6 469	2.113	1.265	0.956	9.386
KSM	6 469	0.201	0.376	0.000	1.000
Lev	6 469	0.415	0.209	0.070	1.063
Size	6 469	21.966	1.134	19.858	25.441
Age	6 469	2.762	0.231	1.946	3.258
Boardsize	6 469	2.151	0.190	1.609	2.708
Indirecter	6 469	0.371	0.053	0.000	0.571
Duality	6 469	0.253	0.435	0.000	1.000
Shareholder	6 469	0.387	0.164	0.000	0.790
Opinion	6 469	0.996	0.080	0.000	1.000

注：所有连续变量已进行上下1%缩尾。

4.4.2　相关性分析

表4-3和表4-4报告了知识性服务化模式经济后果的主要变量相关系数矩阵分析结果。其中，Panel A 汇报了与财务业绩 ROA 相关的变量系数矩阵，Panel B 则展现了与市场业绩 Tobin's Q 相关的相关系数矩阵。从这些表中，我们发现制造企业实施知识性服务化模式指标 KSM 与财务业绩 ROA 及市场业绩 Tobin's Q 均在1%的水平上显著正相关，初步表明制造企业实施知识性服务化模式有助于业绩的提升，即一定程度上支持了上文 H4-1 和 H4-2。从各变量间相关系数看，绝大多数系数低于 0.5 临界水平，且方差膨胀因子 VIF 值较低，说明解释变量与控制变量间相关性不强，不存在严重的多重共线性问题，可以进行实证分析。

表4-3　知识性服务化模式主要变量相关系数矩阵分析表（A）

Panel A: ROA

Variables	ROA	KSM	Lev	Size	Age	Boardsize	Indirecter	Duality	Shareholder	Opinion
ROA	1									
KSM	0.026***	1								
Lev	-0.386***	-0.035***	1							
Size	-0.074***	0.055***	0.477***	1						
Age	-0.206***	-0.113***	0.388***	0.282***	1					
Boardsize	-0.018*	-0.010	0.162***	0.236***	0.149***	1				
Indirecter	-0.013	0.031***	-0.025*	0.016*	-0.044***	-0.474***	1			
Duality	0.083***	0.044***	-0.134***	-0.117***	-0.240***	-0.156***	0.095***	1		
Shareholder	0.076***	0.070***	-0.011	0.082***	-0.106***	-0.030***	0.074***	-0.015	1	
Opinion	0.074***	0.017**	-0.054***	0.002	-0.024***	0.012	-0.006	-0.00100	0.034***	1

注：***、**、*分别表示在1%、5%、10%的置信区间显著。

第4章 知识性服务化模式的经济后果研究

表4-4 知识性服务化模式主要变量相关系数矩阵分析表（B）

Panel B: Tobin's Q

Variables	Tobin's Q	KSM	Lev	Size	Age	Boardsize	Indirecter	Duality	Shareholder	Opinion
Tobin's Q	1									
KSM	0.180***	1								
Lev	-0.520***	-0.035***	1							
Size	-0.476***	0.055***	0.477***	1						
Age	-0.259***	-0.113***	0.388***	0.282***	1					
Boardsize	-0.165***	-0.010	0.162***	0.236***	0.149***	1				
Indirecter	0.032**	0.031***	-0.025***	0.016*	-0.044***	-0.474***	1			
Duality	0.143***	0.044***	-0.134***	-0.117***	-0.240***	-0.156***	0.095***	1		
Shareholder	0.030**	0.070***	-0.011	0.082***	-0.106***	-0.030***	0.074***	-0.015	1	
Opinion	0.009	0.017**	-0.054***	0.002	-0.024***	0.012	-0.006	-0.001	0.034***	1

注：***、**、*分别表示在1%、5%、10%的置信区间显著。

4.4.3 基准检验

依照模型,采用最小二乘法(OLS)进行多元线性回归分析,对假设模型进行基准检验,检验结果见表4-5。其中,第(1)、第(2)列展示的是以资产收益率为被解释变量的回归结果,并按照是否控制行业、年度效应分别回归,意在考察制造企业实施知识性服务化模式对其财务业绩的影响;第(3)、第(4)列列示了以托宾Q值为因变量的检验结果,意在洞悉实施知识性服务化模式对制造企业市场业绩的影响。

从回归结果整体来看,可以发现制造企业实施知识性服务化模式对其业绩产生了显著影响,且这种影响十分积极。具体来讲,首先,知识性服务化模式的实施与制造企业财务业绩正相关,且在1%的水平上显著。控制细分行业及年度效应后,上述结论依然未变,这表明知识性服务化行为的确有助于制造企业升级价值链,能够显著增强制造企业的财务业绩,因而上文H4-1得证。其次,第(3)、第(4)列的回归结果表明,无论是否控制行业和年度效应,知识性服务化模式与市场业绩均在1%的水平上显著为正,表明其实施的知识性服务化模式能够有效提升市场业绩,前文H4-2得证。事实上,以知识为基础的智力要素是经济组织创新战略资源之一(Chesbrough,2003),也是推动制造企业价值链攀升的重要驱动力。本节多元回归结果表明,知识性服务化模式是制造企业服务化成功的有效模式,其支持了既往文献中的"业绩促进论"观点。制造企业利用高附加值知识资本开展服务化转型,可以使企业获得增量经济收益,促进财务业绩与市场业绩积极改善。

表4-5　知识性服务化模式对公司业绩影响的估计结果

Variables	(1) ROA	(2) ROA	(3) Tobin's Q	(4) Tobin's Q
KSM	0.004*** (2.69)	0.008*** (5.32)	0.133*** (3.37)	0.238*** (5.97)

续表

Variables	(1) ROA	(2) ROA	(3) Tobin's Q	(4) Tobin's Q
Lev	-0.107*** (-33.77)	-0.111*** (-34.95)	0.396*** (6.10)	0.365*** (5.50)
Size	0.005*** (8.72)	0.006*** (10.81)	-0.481*** (-39.82)	-0.442*** (-36.14)
Age	-0.018*** (-5.85)	-0.019*** (-6.21)	0.470*** (7.44)	0.498*** (7.68)
Boardsize	-0.005 (-1.35)	-0.007* (-1.76)	0.025 (0.31)	-0.027 (-0.34)
Indirecter	-0.033** (-2.41)	-0.026* (-1.92)	0.942*** (3.42)	0.890*** (3.12)
Duality	0.008*** (5.77)	0.008*** (5.50)	-0.223*** (-7.51)	-0.235*** (-7.69)
Shareholder	0.051*** (12.96)	0.049*** (12.57)	-1.005*** (-12.57)	-1.163*** (-14.10)
Opinion	0.007 (0.95)	0.006 (0.93)	-0.888*** (-6.45)	-0.987*** (-6.89)
Constant	0.021 (1.19)	-0.004 (-0.24)	12.113*** (32.07)	11.504*** (31.28)
Ind	No	Yes	No	Yes
Year	No	Yes	No	Yes
Observations	6 469	6 469	6 469	6 469
Adj R^2	0.186	0.221	0.374	0.474

注：（1）***、**、*分别表示在1%、5%、10%的置信区间显著；（2）括号内为双尾T值；（3）上述回归均在公司层面作Cluster处理。

在我国，所有制差异是影响企业战略表现和业绩后果的重要因素。为进一步验证不同所有制企业在实施知识性服务化模式过程中可能存在的经济后果差异，我们按照终极控制人不同将样本划分为"国有"与"非国有"两类，终极控制人是"政府"的视为国有制造企业①，反之亦然。通过分组检验来揭示产权性质对知识性服务化模式经济后果的影响。表 4-6 的分组回归结果显示，在国有制造企业样本中，知识性服务化变量与财务业绩、市场业绩的关系并不显著；而在"非国有"样本中，知识性服务化变量与财务业绩和市场业绩的系数各为 0.009、0.145，且在 1% 的水平上显著，说明非国有制造企业的知识性服务化战略实施更能带来积极效果。综上，上述回归验证了所有制差异对知识性服务化模式能否提升制造企业公司业绩的关键作用，且分组回归结果表明，较国有制造企业，非国有企业实施知识性服务化模式对业绩的提升作用更显著，这与郝阳和龚六堂（2017）的研究本质一致。因而，上文 H4-3 得以验证。

表 4-6　基于所有制分组的知识性服务化模式对公司业绩影响的估计结果

Variables	ROA 国有	ROA 非国有	Tobin's Q 国有	Tobin's Q 非国有
KSM	-0.002 (-0.94)	0.009 *** (2.82)	0.078 (1.24)	0.145 *** (2.88)
Lev	-0.108 *** (-21.04)	-0.089 *** (-21.73)	-0.502 *** (-5.80)	1.026 *** (11.59)
Size	0.006 *** (6.25)	0.007 *** (9.58)	-0.478 *** (-26.80)	-0.445 *** (-26.20)
Age	0.021 ** (1.99)	-0.017 *** (-5.40)	0.053 (0.26)	0.484 *** (7.12)
Boardsize	0.010 * (1.71)	-0.000 (-0.01)	-0.015 (-0.13)	-0.211 * (-1.83)
Indirecter	-0.004 (-0.20)	-0.030 (-1.61)	1.212 *** (3.04)	0.380 (0.93)

---

① 参考夏立军和方轶强（2005）的划分方式，将中央政府控制、省级或市级政府控制的制造企业界定为国有企业，下同。

续表

Variables	ROA		Tobin's Q	
	国有	非国有	国有	非国有
Duality	0.008*** (2.73)	0.003* (1.93)	-0.283*** (-4.41)	-0.101*** (-2.86)
Shareholder	0.035*** (4.88)	0.063*** (13.80)	-0.485*** (-3.42)	-1.401*** (-14.00)
Opinion	-0.050*** (-4.49)	0.047*** (5.59)	-0.638*** (-2.91)	-1.150*** (-6.23)
Constant	-0.091** (-2.32)	-0.089*** (-3.80)	13.473*** (17.36)	12.093*** (23.48)
Ind	Yes	Yes	Yes	Yes
Year	Yes	Yes	Yes	Yes
Observations	2 120	4 349	2 120	4 349
Adj R²	0.169	0.222	0.546	0.467

注：(1) ***、**、* 分别表示在1%、5%、10%的置信区间显著；(2) 括号内为双尾T值；(3) 上述回归均在公司层面作Cluster处理。

由于政策、交通、地理、经济的差异，不同地区的市场化进程不尽一致，知识性服务化模式的经济后果可能受市场发育程度和商业环境的影响。在我国，东部地区的市场化程度最高（夏立军和陈信元，2007），商业环境总体更佳。为此，我们按照市场化程度的不同，将制造企业划分为"东部"和"非东部"两类。表4-7报告了不同地区知识性服务化模式经济后果的分组检验结果。其中，市场化程度更高的东部地区样本中，实施知识性服务化模式对制造企业财务业绩和市场业绩产生积极影响，其与资产收益率及托宾Q值在1%的水平上显著正相关，而这一结果在"非东部"制造企业样本中却并不显著。以上检验结果表明，较其他地区，发达地区制造企业实施知识性服务化模式对业绩的提升作用更显著。据此，上文H4-4得证。

表4-7　基于地区分组的知识性服务化模式对公司业绩影响的估计结果

Variables	ROA 东部地区	ROA 其他地区	Tobin's Q 东部地区	Tobin's Q 其他地区
KSM	0.008*** (3.54)	0.005 (1.47)	0.312*** (6.86)	0.045 (0.60)
Lev	-0.112*** (-29.74)	-0.084*** (-15.60)	0.308*** (3.83)	0.254** (2.23)
Size	0.005*** (7.12)	0.005*** (5.46)	-0.342*** (-22.83)	-0.570*** (-27.41)
Age	-0.013*** (-3.99)	-0.026*** (-3.02)	0.492*** (7.53)	0.356* (1.93)
Boardsize	-0.012** (-2.54)	0.007 (1.03)	-0.112 (-1.19)	0.026 (0.18)
Indirecter	-0.069*** (-4.31)	0.033 (1.37)	-0.011 (-0.03)	2.101*** (4.05)
Duality	0.004*** (2.59)	0.013*** (4.36)	-0.276*** (-8.22)	-0.050 (-0.79)
Shareholder	0.046*** (10.28)	0.046*** (6.14)	-0.937*** (-10.04)	-1.219*** (-7.63)
Opinion	-0.009 (-0.90)	0.017* (1.73)	-0.515** (-2.55)	-1.146*** (-5.49)
Constant	0.058*** (2.76)	-0.043 (-1.19)	9.246*** (21.13)	14.499*** (19.20)
Ind	Yes	Yes	Yes	Yes
Year	Yes	Yes	Yes	Yes
Observations	4 425	2 044	4 425	2 044
Adj R^2	0.240	0.291	0.564	0.433

注：(1) ***、**、*分别表示在1%、5%、10%的置信区间显著；(2) 括号内为双尾T值；(3) 上述回归均在公司层面作Cluster处理。

4.4.4 稳健性测试

1. 替换主要变量

由于财务业绩和市场业绩的度量指标不止资产收益率和托宾 Q 值，采用单一指标检验可能带来有偏的结论。参考姜付秀等（2014）、邵帅和吕长江（2015）、刘青松和肖星（2015）等的做法，采用净资产收益率（ROE）与个股年度收益率（Ret）作为替代指标。同时，为稳健起见，借鉴陈漫和张新国（2016）的做法，采用知识性服务化业务收入占比（Serption）作为知识性服务化模式的替代指标，重新回归测试。表 4-8 报告了对知识性服务化模式、公司财务业绩、市场业绩指标替换后的测试结果，第（1）列与第（2）列中知识性服务化业务收入占比仍在 1% 和 5% 的水平上与财务业绩、市场业绩正相关，说明上文基准检验结论较稳健。

表 4-8　　　　　　　　指标替换后的稳健性测试结果

Variables	(1) ROE	(2) Ret
Serption	0.057*** (3.28)	0.122** (2.40)
Lev	-0.311*** (-32.12)	0.343*** (11.46)
Size	0.023*** (13.00)	-0.021*** (-3.79)
Age	-0.040*** (-4.24)	0.166*** (5.67)
Boardsize	0.008 (0.65)	0.141*** (3.86)
Indirecter	-0.025 (-0.61)	0.044 (0.34)
Duality	0.018*** (4.04)	-0.112*** (-8.11)

续表

Variables	(1) ROE	(2) Ret
Shareholder	0.111*** (9.24)	-0.190*** (-5.10)
Opinion	0.126*** (6.04)	-0.089 (-1.38)
Constant	-0.382*** (-7.11)	-0.244 (-1.47)
Ind	Yes	Yes
Year	Yes	Yes
Observations	6 469	6 469
Adj R^2	0.089	0.452

注：(1) ***、**、*分别表示在1%、5%、10%的置信区间显著；(2) 括号内为双尾 T 值；(3) 上述回归均在公司层面作 Cluster 处理。

2. 选择性偏差

为解决知识性服务化模式实施与公司业绩之间可能存在的自选择问题，即实施知识性服务化模式的制造企业业绩更好，在此采用 Heckman 两阶段模型予以稳健性检验。参考方等（2008）、陈丽娴（2017）等的文献，将行业资产负债率（Isize）、行业总资产报酬率（IROA）、公司营业总收入（Pe）视为制造企业是否实施知识性服务化模式的主要因素。在控制行业与年份的基础上，通过 Heckman 两阶段模型检验（见表4-9），进一步支持上文结论。

表4-9　　　　　　　　Heckman 第二阶段回归结果

Variables	(1) ROA	(2) Tobin's Q
KSM	0.003** (2.42)	0.024*** (2.79)

续表

Variables	(1) ROA	(2) Tobin's Q
Lev	-0.137*** (-31.30)	-0.173*** (-7.62)
Size	0.110*** (50.98)	-0.098*** (-18.98)
Age	-0.001*** (-6.71)	-0.001 (-1.14)
Boardsize	-0.003 (-1.58)	0.001 (0.56)
Indirecter	-0.162 (-0.79)	0.179 (0.82)
Duality	0.001 (0.62)	0.012** (2.10)
Shareholder	0.004 (0.18)	0.017 (-1.18)
Opinion	0.005 (0.55)	0.052 (1.55)
IMR	0.181*** (11.70)	0.149*** (7.60)
Constant	0.207** (2.03)	5.842*** (20.15)
Ind	Yes	Yes
Year	Yes	Yes
Observations	6 469	6 469
Adj R^2	0.374	0.252

注：(1) ***、**、* 分别表示在1%、5%、10%的置信区间显著；(2) 括号内为双尾T值；(3) 上述回归均在公司层面作 Cluster 处理。

3. 跨期内生性

上文基准检验中忽视了动态内生性问题，即当制造企业财务与市场业绩较好时，其资源与能力优势较明显，在未来更有动力深入实施知识性服务化模式，这使得当期业绩可能对未来期间产生影响。为检验制造企业实施知识性服务化模式与业绩间可能存在的跨期影响问题，基于系统 GMM 模型进行稳健性测试，该方法能够较好解决以上问题（Wintoki et al.，2012）。进一步对因变量按照滞后两期的学术惯例（Gschwandtner，2005），纳入模型检验。表 4-10 报告了系统 GMM 的回归结果，可以发现，制造企业财务业绩滞后项（L1. ROA）与市场业绩滞后项（L1. Tobin's Q）在 1% 的水平上与因变量显著正相关，表明使用 GMM 估计较为合理。同时，控制以上变量影响下，知识性服务化与财务业绩和市场业绩仍显著为正，说明前文研究结论较稳健。

表 4-10　　　　　　　　　　系统 GMM 回归结果

Variables	(1) ROA	(2) Tobin's Q
KSM	0.013*** (7.69)	0.233** (2.49)
L1. (ROA/Tobin's Q)	0.125*** (45.90)	0.336*** (7.34)
L2. (ROA/Tobin's Q)	0.010*** (20.96)	-0.033 (-1.16)
Lev	-0.001*** (-10.47)	-0.299*** (-5.80)
Size	-0.002 (-0.82)	-0.548*** (-4.59)
Age	0.004*** (3.49)	-0.060** (-2.45)
Boardsize	0.011*** (4.43)	-0.213 (-0.48)
Indirecter	0.035*** (5.49)	0.227*** (4.38)

续表

Variables	(1) ROA	(2) Tobin's Q
Duality	-0.121 *** (-9.54)	-0.043 (-0.81)
Shareholder	0.041 *** (3.19)	-0.262 (-0.98)
Opinion	0.135 (0.221)	0.049 (0.08)
Constant	0.013 *** (7.69)	18.91 *** (6.46)
Observations	5 780	5 780
Wald chi^2	594.82 ***	512.96 ***

注：(1) ***、**、* 分别表示在1%、5%、10%的置信区间显著；(2) 括号内为双尾T值；(3) 上述回归均在公司层面作Cluster处理。

4.5　进一步讨论

4.5.1　作用机制分析

就知识性服务化模式经济后果的影响机制而言，格鲁贝尔和沃克（Grubel and Walker, 1989）指出，知识性服务化模式实质上是在充当知识资本的传送器，制造企业通过采用知识性服务化模式，推动知识性要素结构优化，促进知识性服务产出和企业经济效益提升。事实上，要素结构的变动反映了企业价值链的调整方向（葛顺奇和罗伟，2015）。企业要素结构变动主要是指制造业服务化过程中增加的服务业务所引起的企业劳动、资本和知识等要素投入的变化。不同服务化模式需要投入不同的要素，力争价值链高端的服务化需要投入更多的知识性要素，如提供信息系统开发的服务，需要不断强化知识要素投入，以推出更多高附加值、低替代性的服务，进而实现业绩增长。因而，知识要素结构在知识性服务化模式经济后果中发挥着重要的机制作用。借鉴周楷唐等（2017）机制检验思路①，进一步检验上述机制是否成立，回归结果列示于表4-11。

表4-11　知识性服务化模式对公司业绩的作用机制检验结果

Variables	(1) Knowstructure	(2) ROA 低组	(3) ROA 高组	(4) Tobin's Q 低组	(5) Tobin's Q 高组
KSM	0.032 *** (11.10)	0.006 * (1.89)	0.020 *** (6.71)	0.143 (1.56)	0.067 *** (2.84)
Lev	-0.125 *** (-46.21)	-0.036 *** (-17.26)	-0.073 *** (-17.76)	-0.106 *** (-28.31)	-0.234 *** (-8.45)
Size	0.011 *** (21.83)	0.004 *** (12.42)	0.006 *** (8.25)	-0.177 *** (-28.88)	-0.227 *** (-9.49)
Age	-0.001 *** (-10.55)	-0.000 *** (-8.58)	0.000 *** (3.00)	-0.005 *** (-3.70)	0.002 (0.41)
Boardsize	-0.002 (-0.80)	-0.001 (-0.51)	0.001 (0.24)	0.075 ** (2.21)	0.247 (1.31)
Indirecter	0.002 ** (2.14)	-0.012 ** (-2.01)	0.008 (1.24)	-0.073 (-0.81)	0.095 *** (2.61)
Duality	0.003 *** (3.20)	0.001 (1.32)	-0.001 (-0.91)	0.070 *** (4.15)	0.081 (1.13)
Shareholder	0.011 *** (4.31)	-0.000 (-0.24)	0.019 *** (5.57)	-0.057 (-1.58)	0.061 *** (3.51)
Opinion	0.036 *** (5.55)	0.034 *** (8.63)	0.010 (0.69)	0.105 *** (3.21)	-0.155 (-0.30)
Constant	-0.130 *** (-10.28)	-0.082 *** (-9.40)	-0.024 (-1.11)	5.337 *** (33.56)	8.430 *** (9.23)
Ind	Yes	Yes	Yes	Yes	Yes
Year	Yes	Yes	Yes	Yes	Yes

---

① 详见周楷唐，麻志明，吴联生. 高管学术经历与公司债务融资成本 [J]. 经济研究，2017，52（7）：169-183，下同。

续表

Variables	(1) Knowstructure	(2) ROA 低组	(3) ROA 高组	(4) Tobin's Q 低组	(5) Tobin's Q 高组
Knowstructure 系数差异检验（P 值）	—	\multicolumn{2}{c|}{0.022}	\multicolumn{2}{c|}{—}
Observations	6 469	3 237	3 232	3 237	3 232
Adj R²	0.226	0.136	0.106	0.191	0.251

注：（1）***、**、*分别表示在 1%、5%、10%的置信区间显著；（2）括号内为双尾 T 值；（3）上述回归均在公司层面作 Cluster 处理。

表 4-11 列示的是知识要素结构维度下知识性服务化模式对公司业绩的作用机制。其中，参考葛顺奇和罗伟（2015）等的文献，以研发人员占比作为知识要素结构的替代指标。第（1）列呈现的是知识性服务化模式对知识要素结构（Knowstructure）影响的回归结果，知识性服务化模式（KSM）的估计系数为 0.032，与知识要素结构在 1%的水平上显著正相关，表明知识性服务化显著改变了制造企业知识要素结构。第（2）~（5）列按照以研发人员占比来表征的知识要素结构（Knowstructure）中位数划分为低组与高组，反映了知识性服务化对公司财务业绩及市场业绩作用的估计结果，在第（2）列和第（3）列中，知识性服务化模式（KSM）分别在 10%和 1%的水平上与财务业绩及市场业绩正相关，且进一步组间系数差异检验发现，系数 KSM 差异检验的 P 值为 0.022，说明知识性服务化模式在较高的知识要素结构组中对制造企业财务业绩的影响更明显。在第（4）列与第（5）列中，知识性服务化模式（KSM）仅在高知识要素结构组与市场业绩显著正相关，显著性水平为 1%，说明知识性服务化模式在高知识要素结构组对制造企业市场业绩的影响更明显。以上检验结果表明，知识性服务化模式的确可以通过知识要素结构变化而提升制造企业财务业绩及市场业绩。

4.5.2 时滞效应分析

制造企业探索知识性服务化模式是一个漫长的过程，可能需要在数年内解决一系列业务转型问题，包括但不限于：（1）与知识性服务业务开展相关的组织构架及人力资源调整（Cook et al.，2006）；（2）平抑内部矛盾，凝聚力量深度提高知识性服务化水平（Mathieu，2001）；（3）磨合与优化服务业务质量，不断减少因初入知识性服务领域发生的损失。因此，制造企业在深入推进知识性服务化模式时，可能随时间推移面临较大的困难，对业绩产生"时滞效应"。

表4-12进一步测试了知识性服务化模式对公司业绩可能产生的时滞效应，测试结果显示：伴随着制造企业知识性服务化模式的实施，其并未存在明显的边际递减效应。在T+1期和T+2期，知识性服务化模式与资产收益率及托宾Q值在1%的水平上显著正相关，至T+2期上述积极影响依然显著，其较T期和T+1期并未呈现明显的效应递减迹象。以上实证结果表明，制造企业实施知识性服务化模式对业绩存在长期影响，即随着知识性服务化模式的深度推进，其对财务业绩和市场业绩的正向影响具有持续性。

表4-12　知识性服务化模式对公司业绩影响的时滞效应估计结果

Variables	(1) ROA_{t+1}	(2) ROA_{t+2}	(3) Tobin's Q_{t+1}	(4) Tobin's Q_{t+2}
KSM_{t-1}	0.028 *** (4.63)	0.037 *** (5.39)	0.510 *** (3.85)	0.556 *** (3.74)
Lev_{t-1}	-0.095 *** (-28.60)	-0.085 *** (-24.00)	0.580 *** (8.07)	0.663 *** (8.57)
$Size_{t-1}$	0.003 *** (4.69)	0.002 *** (2.92)	-0.507 *** (-37.71)	-0.507 *** (-34.65)
Age_{t-1}	-0.018 *** (-5.51)	-0.020 *** (-5.72)	0.539 *** (7.68)	0.517 *** (6.84)

续表

Variables	(1) ROA$_{t+1}$	(2) ROA$_{t+2}$	(3) Tobin's Q$_{t+1}$	(4) Tobin's Q$_{t+2}$
Boardsize$_{t-1}$	-0.008 * (-1.88)	-0.011 *** (-2.67)	0.069 (0.79)	0.102 (1.09)
Indirecter$_{t-1}$	-0.041 *** (-2.88)	-0.051 *** (-3.38)	0.993 *** (3.22)	0.914 *** (2.76)
Duality$_{t-1}$	0.009 *** (5.70)	0.012 *** (7.50)	-0.233 *** (-7.03)	-0.193 *** (-5.37)
Shareholder$_{t-1}$	0.049 *** (11.87)	0.045 *** (10.11)	-1.064 *** (-11.83)	-0.911 *** (-9.33)
Opinion$_{t-1}$	0.027 *** (3.87)	0.014 * (1.86)	-1.239 *** (-8.15)	-1.345 *** (-8.50)
Constant	0.051 *** (2.78)	0.098 *** (5.00)	12.721 *** (31.94)	12.716 *** (29.70)
Ind	Yes	Yes	Yes	Yes
Year	Yes	Yes	Yes	Yes
Observations	5 780	5 083	5 780	5 083
Adj R^2	0.142	0.115	0.430	0.401

注：(1) ***、**、* 分别表示在1%、5%、10%的置信区间显著；(2) 括号内为双尾T值；(3) 上述回归均在公司层面作 Cluster 处理。

4.5.3 经济周期分析

经济周期作为所有制造企业都需要面对的外部环境，会对战略实施业绩产生影响（Walde，2002）。一方面，经济扩张期时，市场对各类产品及服务的需求增强，高利润、高价值的知识性服务更容易被厂商及消费者接受，制造企业实施知识性服务化模式的业绩效果可能更好；另一方面，经济紧缩期时，社会消费受到抑制，顾客对定价较高的知识性服务较敏感，更期望购买性价比高的服务，这使得制造企业知识性服务化模式收益及市场份额面临下滑的风险。

部分学者（孙早和宋炜，2013；陈漫和张新国，2016；陈磊等，2018）

的研究表明，2009 年、2012 年、2013 年及 2017 年处于经济紧缩期，其他年份处于经济扩张期。据此，按照既往研究成果，将样本分为处于经济扩张期和经济紧缩期两类，分别检验。表 4 – 13 报告了经济周期对知识性服务化模式业绩影响的分组回归结果。在经济扩张期，制造企业的知识性服务化活动对财务业绩和市场业绩的提升作用十分明显，但在紧缩期却不显著，这与陈漫和张新国（2016）的研究结论基本一致。

表 4 – 13　经济周期对知识性服务化模式业绩影响的估计结果

Variables	ROA 经济扩张期	ROA 经济紧缩期	Tobin's Q 经济扩张期	Tobin's Q 经济紧缩期
KSM	0.006 ** (1.98)	0.004 (1.28)	0.238 *** (3.38)	0.192 (1.45)
Lev	-0.111 *** (-26.29)	-0.102 *** (-21.28)	0.586 *** (6.40)	0.113 (1.18)
Size	0.005 *** (6.51)	0.005 *** (5.79)	-0.534 *** (-31.62)	-0.333 *** (-19.36)
Age	-0.018 *** (-4.28)	-0.019 *** (-3.98)	0.634 *** (7.12)	0.333 *** (3.64)
Boardsize	-0.002 (-0.38)	-0.009 (-1.56)	0.095 (0.85)	-0.164 (-1.43)
Indirecter	-0.032 * (-1.77)	-0.033 (-1.62)	1.207 *** (3.05)	0.422 (1.06)
Duality	0.007 *** (3.83)	0.010 *** (4.37)	-0.314 *** (-7.48)	-0.142 *** (-3.29)
Shareholder	0.053 *** (10.17)	0.048 *** (8.06)	-1.261 *** (-11.15)	-1.012 *** (-8.64)
Opinion	0.013 (1.53)	-0.004 (-0.36)	-0.787 *** (-4.15)	-1.213 *** (-5.67)
Constant	0.008 (0.34)	0.039 (1.45)	12.639 *** (25.00)	10.154 *** (19.50)

续表

Variables	ROA		Tobin's Q	
	经济扩张期	经济紧缩期	经济扩张期	经济紧缩期
Ind	Yes	Yes	Yes	Yes
Year	Yes	Yes	Yes	Yes
Observations	3 593	2 876	3 593	2 876
Adj R^2	0.222	0.217	0.508	0.423

注：(1) ***、**、* 分别表示在1%、5%、10%的置信区间显著；(2) 括号内为双尾T值；(3) 上述回归均在公司层面作 Cluster 处理。

4.5.4 服务化状态分析

制造企业知识性服务化行为具有动态性，其实施过程可分为"一直实施"和"间断实施"两种。以往研究表明，持续推进企业战略有助于获得更好的效果（谢康等，2016）。连贯的知识性服务化行为理论上更能发挥价值倍增、锁住客户的效应，而非持续的知识性服务化行为可能因中断而失败。据此，我们设置"是否具有连续服务化行为"的哑变量（Continuous），对已实施知识性服务化模式的子样本进行检验。表4-14汇报了不同知识性服务化状态对制造企业业绩影响的估计结果，在第（1）列与第（2）列中，连续服务化变量 Continuous 在 1% 的水平上与财务业绩 ROA 及市场业绩 Tobin's Q 显著正相关，相关系数分别为 0.011 和 0.078，这表明连续的服务化状态更能促进制造企业知识性服务化业绩的提升。

表 4-14　服务化状态对知识性服务化模式业绩影响的估计结果

Variables	(1)	(2)
	ROA	Tobin's Q
Continuous	0.011 *** (2.71)	0.078 *** (3.20)
Lev	-0.113 *** (-10.47)	-2.120 *** (-6.70)

续表

Variables	(1) ROA	(2) Tobin's Q
Size	-0.001 (-0.74)	-0.695*** (-13.64)
Age	-0.002*** (-6.58)	-0.037*** (-5.02)
Boardsize	-0.007 (-0.67)	-0.070 (-0.24)
Indirecter	-0.004 (-0.76)	0.543* (1.86)
Duality	0.001 (0.20)	0.174 (1.54)
Shareholder	0.016* (1.76)	0.216*** (2.64)
Opinion	0.007 (0.88)	0.005 (0.55)
Constant	0.175*** (4.40)	17.979*** (15.67)
Ind	Yes	Yes
Year	Yes	Yes
Observations	1 301	1 301
Adj R²	0.279	0.558

注：(1) ***、**、* 分别表示在1%、5%、10% 的置信区间显著；(2) 括号内为双尾T值；(3) 上述回归均在公司层面作 Cluster 处理。

4.6 本章小结

本章以 2008～2017 年沪深两市主板市场中实施知识性服务化模式的制造企业为主要研究对象，在剔除服务化模式交叉样本的基础上，分析和考察了知识性服务化模式对制造企业业绩可能产生的影响。同时，考虑到终极控制人及市场化程度差异，从产权性质与所属地区检验了其对知识性服务化模式与业绩后果关系的影响。主要研究结果表明：（1）知识性服务化模式显著提升了制造企业财务业绩与市场业绩；（2）终极控制人在知识性服务化模式经济后果中发挥着重要作用，与终极控制人为政府的国有企业相比，非国有制造企业实施知识性服务化模式对业绩的提升作用更显著；（3）市场化程度在知识性服务化模式经济后果中亦发挥着重要作用，市场化程度更高的东部地区，其制造企业实施知识性服务化模式对业绩的提升作用更显著；（4）从作用机制分析发现，知识性服务化模式通过知识要素结构变化而提升制造企业财务业绩及市场业绩；（5）从时滞效应分析发现，随着知识性服务化的深度推进，其对财务业绩和市场业绩的正向影响较为持久；（6）从经济周期进一步分析，经济扩张期时制造企业的知识性服务化活动对财务业绩和市场业绩的提升作用更为明显；（7）从服务化状态分析发现，持续实施知识性服务化模式的企业业绩提升效果更佳。

  本章的研究贡献在于：既往文献一概而论地探讨服务化绩效，并形成三种不一致结论。本章着眼于商业模式的差异性后果，对鲜见于公开刊物的知识性服务化模式经济后果予以分析和考察，研究结论支持"业绩促进观"，一定程度上回应了以往研究结论不一致的问题，即不同服务化模式产生的经济后果可能并不相同，知识性服务化模式对制造企业财务及市场业绩的作用更积极。此外，本章基于终极控制人、市场化程度、作用机制、时滞表现、经济周期、服务化状态等多个维度深入考察不同因素在知识性服务化模式经济后果中扮演的作用，这在以往文献综述中较为少见，具有一定的增量学术贡献。

第 5 章

产品延伸性服务化模式的经济后果研究

产品延伸性服务化模式存在于服务化转型的初级阶段，是制造企业探索服务化的主要商业模式之一。本章将具体考察产品延伸性服务化模式对制造业上市公司财务业绩与市场业绩的影响，尝试性探讨产生以上经济后果的内在机制，并在理论分析基础上，检验不同内外部约束可能带来的差异性后果。最后，深入探讨时间滞后因素、经济环境因素、服务状态因素等是如何影响产品延伸性服务化模式和业绩关系的。

5.1 引言

在工业技术进步和市场竞争加剧的环境下，制造业服务化顺应了工业型经济向服务性经济转变的趋势，成为诸多企业的现实选择。在实践探索中，部分制造企业以产品为导向，沿着产业链增加服务内容，形成产品制造为主、配套服务为辅的特有服务化模式，被学界称为"产品延伸性服务化模式"。由于产品延伸性服务化模式选择与产品相关的领域作为服务环节，其变革阻力较小，使得部分传统制造企业采用此模式实施服务化转型，开展安装、维修、保养、配送、物流、售后等服务化业务。然而现实中，一些知名制造企业在产品延伸性服务化过程中经历了惨痛失败。例如，被誉为"世界钢铁巨头"的德国蒂森克虏伯集团，全球配送材料的服务业务业绩长期不及预期，迫使其在2018年剥离材料服务部门。以上服务化困境不禁使我们深思，产品延伸性服务化模式是否真正有助于制造企业获取超额业绩？

目前，围绕产品延伸性服务模式经济后果的研究未形成一致意见。一方面，产品延伸性服务化模式是一种初级服务化类型（Roger，2009），实施该模式的制造企业基本定位仍是工业产品提供商（刁莉和朱琦，2018），开展的服务业务也多与产品的价值实现有关，企业内部业务结构和价值创造方式未发生重大变化，这使得产品延伸性服务化模式可能无法为制造企业带来新利润，甚至产生负面影响，引发"服务化悖论"现象的出现；另一方面，产品延伸性服务化模式将产品的含义从单纯的有形产品扩展至以产品为中心的增值服务，一定程度上提升了产品及服务业务的竞争力（Porter，1985），较以往的利润空间与市场反应可能更好,这使得该模式因差异化战略可能带来价值增值。鉴于此,产品延伸性服务化模式对制造企业带来何种经济影响?这一问题有待进一步实证检验,研究结论将有助于回应及解答上述问题。

本章重点探讨与分析产品延伸性服务化模式对制造企业的影响,以2008~2017年实施产品延伸性服务化模式的制造企业为研究对象,剔除已实施知识性服务化模式及外包性服务化模式的样本,结合竞争优势理论及顾客锁定理论分析,实证检验制造企业产品延伸性服务化模式的业绩后果及其作用机制。同时,探究终极控制人、市场化程度在产品延伸性服务化模式经济后果中发挥的作用,并基于时滞效应、经济周期和不同服务化状态视角展开进一步探讨和分析。

5.2 理论分析与研究假设

虽然部分学者认为产品延伸性服务化较单一的产品生产模式更能为制造企业带来产品价值提升、市场口碑增强等"红利",但在实践中,产品延伸性服务化行为的经济后果并不纯粹取决于内部业务变迁或结构调整(Gerybadze,2003),还取决于能否在市场中形成显著的比较优势(Mont,2002)。竞争优势理论(Competitive Advantage Theory)表明,企业作为市场化产物,需要在竞争中争夺有限的客户与资源(White and Stoughton,1999),只有获得显著的竞争优势,才能在激烈的竞争环境中生存。因而,对于制造企业产品延伸性服务化模式,其最终经济后果严重依赖于能否形成富有市场竞争力的优势。

产品延伸性服务化模式(PSM)是制造业企业服务化的初级阶段(Tukker,2004),它是支持顾客科学、有效、低风险地使用企业既有产品的服务行为,包括产品保养、维修、安装、检测、回收、物流等,一旦开始为客户提供这些基础性配套服务,将进入一个更为陌生的新竞争领域——服务领域。在我国,服务业已成为国民经济的第一大产业,市场中同样聚集着大量竞争者,制造企业进入该领域势必面临一定的竞争压力(刘继国和李江帆,

2007），不利于建立竞争优势和获取超额报酬。此外，在产品功能日益同质化的背景下，相对简单的服务活动不仅无法形成高议价能力，还可能因劳动力等服务要素价格上升而带来经营成本障碍，制约制造企业产品延伸性服务化战略的有效实施。菲什拜因等（Fishbein et al., 2000）的研究表明，制造企业服务化过程中，较高的劳动要素定价严重阻碍了与产品相关的服务供给效果，使之面临低利润风险。最后，我国服务业起步较晚，多数服务活动集中于价值链低端环节，缺乏足够的竞争优势。制造企业以产品为依托的服务化行为，本质上无法形成兼具排他性和竞争性的服务优势，且如安装、维修、保养、配送等服务活动替代性较强，市场契约的标准化程度较高（Cova et al., 2000；Antioco et al., 2008），难以带来"服务溢价"及相应竞争优势，可能对企业财务业绩产生负面影响。基于以上讨论，本书提出如下假设：

H5-1：制造企业实施产品延伸性服务化模式将显著弱化财务业绩。

顾客锁定理论（Consumer Lock-in Theory）认为，"锁住"消费者，不断强化转移成本对客户的影响，是企业获得高额市场回报的关键。制造企业服务化所产生的"顾客锁住"（Lock-in）效应源于稳定与牢固的顾客关系，其需要满足顾客的独特需求，从而使顾客愿意接受产品的额外加价（Cooper and Evans, 2000）。沃尔夫（Wolf, 1977）的研究发现，制造企业只有与客户建立长期且稳定的关系，才能有效推动业务发展。马杜拉和罗斯（Madura and Rose, 1987）的研究亦表明，稳定的顾客关系构成企业的核心竞争力，拥有转移成本较高客源的制造企业往往表现出更好的市场业绩。以上表明，顾客锁定理论能够解释、分析制造企业实施产品延伸性服务化模式对市场业绩的影响。

基于顾客锁定理论，服务化的差异性收益源于服务业务满足了顾客独特需求，从而使顾客愿意接受产品的额外加价（周杰等，2015）。首先，产品导向服务虽然实现了产品功能的进一步延伸，但产品保养、维修、安装、检测、回收等服务仍存在同质化问题，无法实现功能多样性（Van, 1997）以及快速回应市场（Bowen et al., 1989）的目标，服务业务难以为顾客带来更为个性化的消费体验，导致顾客吸引程度与顾客转移成本大大降低，不利于制造企业获取竞争优势与创造更高的市场份额。其次，以产品为基础的服务化并非制造企业转型升级的"灵丹妙药"，企业在这一服务提供过程中面临很多障碍。随着制造企业产品服务业务的拓展，制造企业进入了新的服务业务市场，为了在新的领域建立竞争优势，就不得不付出一定的竞争成本（Mathieu，2001），加之产品保养、维修等产品延伸性服务化模式具有高替代性、低附加值与高维护成本特征，难以有效吸引顾客，使得厂商利用增加服务的方式来实现市场份额增长的难度远超预期（Gebauer and Fleish，2005）。因此，制造企业实施产品延伸性服务化模式可能会大幅消耗掉一部分原用于产品制造的资源，导致两种业务均无法获得足够的发展资源，引发战略失焦（Fang et al.，2008），进而弱化市场效果。最后，以产品为导向的服务化行为多具同质性，消费者对之十分敏感，一旦服务定价显著提升，市场风险随之剧增。贝尼德天尼等（Benedettini et al.，2015）指出，制造企业基于产品导向增加服务供给并不能获得期望的市场回报，甚至还面临着更高的破产风险。服务化企业的破产风险主要来自内部风险，同时与企业所提供的服务密切相关，当企业趋向提供同质化服务时，将同时面临较大的内外部风险。因此，产品延伸性服务化模式不利于制造企业提升市场业绩。基于以上讨论，本书提出如下假设：

H5-2：制造企业实施产品延伸性服务化模式将显著弱化市场业绩。

较其他类型制造企业，终极控制人为政府的制造企业具有社会与经济双重特征，社会属性要求其必须承担一定的社会责任，如解决社会就业、服务国家战略、支持地方发展等，尤其是当经营目标与社会目标不一致时，国有制造企业必须"以大局为重"，牺牲甚至放弃一定的经济利益，这使得其实施产品延伸性服务化模式时面临较大的经营风险，业绩不确定性增加。次之，对比而言，潜在的代理问题一直困扰着我国国有制造企业。企业内董事长和首席执行官（CEO）往往由官方任命（权小锋和吴世农，2010），内部控制权较集中，基于服从大局的考虑，拥有控制权的高层管理者可能做出非经济性决策，即放弃追求业绩与效率，选择后者作为实际战略出发点，抑制国有制造企业服务化经济目标的实现。再者，国有企业可能享有信贷、司法等政策方面的"红利"（袁淳等，2010），但在服务化过程中若想获得可观的经济效益，需要在市场中与民营制造企业等展开竞争。受制于生产和经营效率损失（吴延兵，2012）、政策性负担（余明桂等，2016）、非完整自主经营权（江轩宇，2016）等劣势，其在非垄断的服务领域可能短期内难以建立明显的竞争优势。基于以上讨论，本书提出如下假设：

H5-3：较非国有制造企业，国有企业实施产品延伸性服务化模式对业绩的弱化作用更明显。

我国幅员辽阔，东中西部发展水平存在较大差异，各地区政策惠顾、法治进程、交通条件、资源禀赋相距甚远，造成东部地区与中西部地区市场化程度显著不同。其中，东部地区的市场化程度最高，而部分中西部地区的非市场因素还占有重要位置（樊纲等，2011），处于非东部地区的制造企业将面临更复杂的市场环境。一方面，非东部地区市场规范性有待提升，产品与要素市场发育程度有限，多数城市服务业未占主导，以产品为核心的补充性服务难以被多数消费者所接受，特别是定价偏高的服务行为，更容易被市场排斥，出现"有服务无需求"的现象；另一方面，在良好的市场环境下，作为竞争性部门的制造业，其通过服务化等转型升级活动能够获得一定的经济回报与市场收益。然而，在市场化程度较低的地区，垄断现象的存在可能蚕食服务化转型的经济收益，发生"劣币驱逐良币"问题，使制造企业实施产品延伸性服务化模式需要耗费大量成本并无法得到对等回报。基于以上讨论，本书提出如下假设：

H5-4：较东部地区，其他地区制造企业实施产品延伸性服务化模式对业绩的弱化作用更明显。

5.3 研究设计

5.3.1 样本及数据来源

本书选择 2008～2017 年所有沪深两市 A 股主板上市制造企业作为研究

样本，并进行了以下处理：（1）剔除所有被特殊处理的企业；（2）删去所有存在数据残缺的样本企业；（3）剔除房地产开发等与制造企业价值链服务无关的多元化样本；（4）剔除已实施其他类别服务化模式（如知识性服务化模式或外包性服务化模式）的交叉样本，确保回归结果反映产品延伸性服务化模式对业绩产生的"净效应"；（5）剔除房地产开发等与制造企业价值链服务无关的多元化样本。其中，产品延伸性服务化样本源于对上市公司《经营范围变更公告》《财务报告》《国民经济行业分类标准》等的识别与整理，识别与判定方式与第 4 章一致。最终共计得到 6 239 个公司年度观测样本，而实施产品延伸性服务化模式的有 157 家 1 002 个公司年度观测样本。

除产品延伸性服务化模式数据经手工收集和整理外，其他所有初始数据和信息均来自 Wind 咨询、Choice 金融及 Csmar 数据库。

5.3.2 变量定义

1. 被解释变量

本章的被解释变量是财务业绩和市场业绩。在财务业绩度量方面，以往文献主要采用资产收益率（ROA）和净资产收益率（ROE）作为度量指标。本书借鉴姜付秀等（2014）、赵宜一和吕长江（2015）的研究，在基准检验中采用资产收益率作为被解释变量，以企业税后净利润对资产总额的占比来测度。相应地，将净资产收益率作为稳健性检验中的被解释变量。在市场业绩度量方面，多数学者采用托宾 Q 值（Tobin's Q）和个股年度收益率（Ret）两个指标度量。借鉴陆正飞和童俊莉（2001）、陈信元和黄俊（2016）等人的研究，选用托宾 Q 值测度市场绩效，并在稳健性测试中替换为个股年度收益率指标再次回归。

2. 解释变量

已有文献中，学者们将服务化视为一个整体性指标，多采用哑变量度量，但可直接借鉴的具体服务化模式测度指标较少。综合尼利（2007）、方等（2008）的方法，以哑变量方式对实施产品延伸性服务化模式度量，当年实施产品延伸性服务化模式的取 1，否则取 0。判定制造企业开展产品延伸性服务化模式的标准主要依照《经营范围变更公告》《财务报告》《国民经济行业分类标准》等综合识别，方式与前文一致。此外，近年来也有部分学者（陈漫和张新国，2016）尝试以服务化业务收入（支出）占比来度量服务化，本书将之作为替代指标，在稳健性测试中使用。

3. 控制变量

现有文献针对公司业绩的研究成果较丰富，本书通过梳理和归纳，将可能显著影响制造企业财务与市场业绩的变量作为控制因素纳入分析模型中，主要包括：企业债务特征、规模特征、年龄特征、治理特征、审计特征等。参考姜国华和岳衡（2005）、陈正林和王彧（2014）、杨德明和刘泳文（2018）等人的研究，选取企业杠杆、企业规模、企业年龄、董事会规模、治理效率、两职合一、股权集中度、审计意见作为控制变量。此外，本书进一步控制了行业及年份效应。

各变量的具体定义见表 5-1。

表 5-1　　　　　　　　　　　变量定义

变量类型	变量名称	变量标识	变量定义
被解释变量	公司财务业绩	ROA	企业税后净利润÷资产总额×100%
	公司市场业绩	Tobin's Q	（企业权益市值+负债账面价值）÷期末总资产
解释变量	产品延伸性服务化模式	PSM	当年实施知识性服务化模式取 1，否则取 0，以经营范围内包含产品延伸性服务且年度主营业务构成中涉及相应服务收入综合判定
控制变量	企业杠杆	Lev	总负债÷总资产×100%
	企业规模	Size	企业年末总资产的自然对数
	企业年龄	Age	企业成立年数的自然对数
	董事会规模	Boardsize	董事会人数的自然对数
	治理效率	Indirecter	独立董事人数÷董事会人数×100%
	两职合一	Duality	是否存在董事长和总经理兼任情况，1 表示存在兼任，0 表示没有兼任

续表

变量类型	变量名称	变量标识	变量定义
控制变量	股权集中度	Shareholder	第一大股东持股数÷总股本×100%
	审计意见	Opinion	出具标准无保留审计意见取1，否则取0
	所属行业	Ind	虚拟变量，根据中国证监会所颁布《上市公司行业分类指引（2012年修订）》的标准，制造业门类下的次类行业。具体分为C13~C43
	年度	Year	年份虚拟变量，该年取1，否则为0

5.3.3 模型构建

（1）为考察制造企业实施产品延伸性服务化模式对财务绩效的影响，本章构建模型（5.1）。

$$\begin{aligned}\text{ROA}_{i,t} = &\beta_0 + \beta_1 \text{PSM}_{i,t-1} + \beta_2 \text{Lev}_{i,t-1} + \beta_3 \text{Size}_{i,t-1} + \beta_4 \text{Age}_{i,t-1} \\ &+ \beta_5 \text{Boardsize}_{i,t-1} + \beta_6 \text{Indirecter}_{i,t-1} + \beta_7 \text{Duality}_{i,t-1} \\ &+ \beta_8 \text{Shareholder}_{i,t-1} + \beta_9 \text{Opinion}_{i,t-1} + \text{Ind} + \text{Year} + \varepsilon_{i,t}\end{aligned} \quad (5.1)$$

（2）为考察制造企业实施产品延伸性服务化模式对市场绩效的影响，本章构建模型（5.2）。

$$\begin{aligned}\text{Tobin's Q}_{i,t} = &\beta_0 + \beta_1 \text{PSM}_{i,t-1} + \beta_2 \text{Lev}_{i,t-1} + \beta_3 \text{Size}_{i,t-1} + \beta_4 \text{Age}_{i,t-1} \\ &+ \beta_5 \text{Boardsize}_{i,t-1} + \beta_6 \text{Indirecter}_{i,t-1} + \beta_7 \text{Duality}_{i,t-1} \\ &+ \beta_8 \text{Shareholder}_{i,t-1} + \beta_9 \text{Opinion}_{i,t-1} + \text{Ind} + \text{Year} + \varepsilon_{i,t}\end{aligned} \quad (5.2)$$

为缓解上述模型设定可能存在的内生性问题，将非因变量作滞后一期处理。在考察不同终极控制人和市场化程度不同的地区对产品延伸性服务化模式业绩影响时，分别采用以上模型作分组回归。

5.4 实证分析

5.4.1 描述性统计

表5-2提供了本章主要变量的描述性统计情况，就样本制造企业业

绩而言，财务业绩（ROA）均值为 0.031，标准差为 0.065，最小值为 -0.228，最大值为 0.238；而市场业绩（Tobin's Q）均值为 1.680，标准差为 1.375，最小值为 0.956，最大值为 9.387。说明样本制造企业业绩存在一定差异，且市场业绩的离散程度更大。作为核心解释变量的产品延伸性服务化模式（PSM），均值为 0.161，标准差为 0.292，说明部分制造企业开展了产品延伸性服务化活动，在制造业总体中占比较大，进一步印证了本书第 3 章对三种不同服务化模式的统计结果。再者，在可能影响制造企业业绩的其他变量中，财务杠杆（Lev）平均值为 0.418，标准差为 0.195，说明制造企业一定程度上运用了财务杠杆；公司规模（Size）均值为 21.946，标准差为 1.149，说明制造企业总体呈现出规模特征；上市年龄（Age）最小值为 0.000，最大值为 3.332，均值为 2.119，这与我国制造业上市公司实践一致；董事会规模（Boardsize）、独董占比（Indirecter）、两职合一（Duality）、第一大股东占比（Shareholder）均值分别为 2.144、0.372、0.289、0.385，说明内部治理对多数制造企业发挥了一定作用。审计意见（Opinion）均值为 0.993，标准差为 0.080，说明绝大多数制造企业被出具标准无保留意见，财务信息具有一定可靠性。

表 5-2　　　　　产品延伸性服务化模式主要变量描述性统计

Variables	(1) N	(2) Mean	(3) Std	(4) Min	(5) Max
ROA	6 239	0.031	0.065	-0.228	0.238
Tobin's Q	6 239	1.680	1.375	0.956	9.387
PSM	6 239	0.161	0.292	0.000	1.000
Lev	6 239	0.418	0.195	0.050	0.852
Size	6 239	21.946	1.149	19.838	25.329
Age	6 239	2.779	0.988	0.000	3.332
Boardsize	6 239	2.144	0.188	1.609	2.708
Indirecter	6 239	0.372	0.053	0.308	0.571

续表

Variables	(1)	(2)	(3)	(4)	(5)
	N	Mean	Std	Min	Max
Duality	6 239	0.289	0.453	0.000	1.000
Shareholder	6 239	0.385	0.162	0.000	0.790
Opinion	6 239	0.993	0.080	0.000	1.000

注：所有连续变量已进行上下1%缩尾。

5.4.2 相关性分析

表5-3和表5-4报告了产品延伸性服务化模式主要变量相关系数矩阵分析结果。其中，产品延伸性服务化模式与制造企业财务业绩及市场业绩高度相关，具体表现为制造企业产品延伸性服务化模式与资产收益率（ROA）及托宾Q值（Tobin's Q）显著负相关，初步验证了本章关于产品延伸性服务化模式业绩的假设。另外，所有变量间相关系数均小于0.5，且方差膨胀因子VIF值远低于10，说明解释变量与控制变量间相关性不强，不存在严重的多重共线性问题，可以进行实证分析。

5.4.3 基准检验

为检验H5-1和H5-2，对模型（5.1）、模型（5.2）回归，分别采用最小二乘法及OLS固定效应模型进行检验。考虑到回归中可能存在的内生性问题，对非因变量进行滞后一期处理，回归结果见表5-5。

从回归结果看，在未控制年度与行业回归的第（1）列中，产品延伸性服务化模式与资产收益率在1%的水平上显著负相关。在固定效应模型回归的第（2）列中，产品延伸性服务化模式与资产收益率仍显著负相关。以上表明，无论是否考虑行业与年度因素影响，制造企业实施产品延伸性服务化模式均给财务业绩带来负面影响，上文H5-1得证。从产品延伸性服务化模式对市场业绩影响的回归结果看，未控制行业与年度效应的第（3）列中，产品延伸性服务化模式与托宾Q值显著负相关，相关系数为-0.128，

表 5-3　产品延伸性服务化模式主要变量相关系数矩阵分析表

Panel A: ROA

Variables	ROA	PSM	Lev	Size	Age	Boardsize	Indirecter	Duality	Shareholder	Opinion
ROA	1									
PSM	-0.063***	1								
Lev	-0.376***	-0.044***	1							
Size	-0.052***	0.029***	0.471***	1						
Age	-0.172***	-0.068***	0.398***	0.301***	1					
Boardsize	-0.003	-0.013	0.150***	0.226***	0.150***	1				
Indirecter	-0.016*	-0.015	-0.025***	0.009	-0.038***	-0.468***	1			
Duality	0.067***	0.002	-0.120***	-0.102***	-0.229***	-0.155***	0.097***	1		
Shareholder	0.072***	0.058***	-0.015	0.075***	-0.086***	-0.038***	0.073***	-0.029***	1	
Opinion	0.077***	0.012	-0.055***	0.001	-0.023***	0.013	-0.007	-0.002	0.034***	1

注：***、**、* 分别表示在1%、5%、10%的置信区间显著。

表 5-4 产品延伸性服务化模式主要变量相关系数矩阵分析表（B）

Panel B: Tobin's Q

Variables	Tobin's Q	PSM	Lev	Size	Age	Boardsize	Indirecter	Duality	Shareholder	Opinion
Tobin's Q	1									
PSM	−0.087***	1								
Lev	−0.193***	−0.044***	1							
Size	−0.200***	0.029***	0.471***	1						
Age	−0.135***	−0.068***	0.398***	0.301***	1					
Boardsize	−0.020**	−0.013	0.150***	0.226***	0.150***	1				
Indirecter	−0.006	−0.015	−0.025***	0.009	−0.038***	−0.468***	1			
Duality	−0.033***	0.002	−0.120***	−0.102***	−0.229***	−0.155***	0.097***	1		
Shareholder	0.004	0.058***	−0.015	0.075***	−0.086***	−0.038***	0.073***	−0.029***	1	
Opinion	0.019**	0.012	−0.055***	0.001	−0.023***	0.013	−0.007	−0.002	0.034***	1

注：***、**、*分别表示在 1%、5%、10% 的置信区间显著。

初步表明其对市场业绩产生一定的负面影响。固定效应模型中，第（4）列展示的回归结果与第（3）列基本一致，说明产品延伸性服务化模式将弱化制造企业的市场业绩，前文 H5-2 得证。

上述实证检验结果表明，产品延伸性服务化模式不利于制造企业业绩的提升，相反其会对财务业绩和市场业绩带来显著的负面影响。这是因为：产品延伸性服务化模式以产品为导向，产品延伸性服务化模式样本中的 68.50% 开展了物流等补充性服务，这些服务在价值链中处于低端，既难以向客户展现稀缺性及差异化的服务内容，也无法在竞争日趋激烈的一般服务领域凸显竞争优势，加之产品物流等服务本身具有可模仿性和高替代性，客户"锁定"十分有限，长期实施的服务化业务将给企业带来较大的成本负担，因而业绩增长难度远超其他服务化模式（Gebauer and Fleish，2005）。从业绩贡献角度看，产品延伸性服务化模式并未改变传统劳动密集型生产和产品主导的商业模式，服务项目时刻以产品为导向，使得制造企业盈利方式与业务结构缺乏有效改善，不符合"劳动密集型—资本密集型—知识密集型"的工业演进规律。因而，产品延伸性服务化模式支持"服务业绩悖论"的观点，其在一定程度上解释了既往文献对制造企业服务化的经济后果研究结论不一致的原因。

表 5-5　产品延伸性服务化模式对公司业绩影响的估计结果

Variables	(1) ROA	(2) ROA	(3) Tobin's Q	(4) Tobin's Q
PSM	-0.008*** (-3.23)	-0.010*** (-4.28)	-0.128*** (-3.12)	-0.096*** (-2.75)
Lev	-0.120*** (-42.16)	-0.126*** (-45.12)	-0.318*** (-6.30)	-0.194*** (-3.33)
Size	0.008*** (15.88)	0.012*** (22.65)	-0.348*** (-36.62)	-0.495*** (-40.64)
Age	-0.000*** (-3.43)	-0.001*** (-8.71)	0.459*** (7.03)	0.446*** (7.00)

续表

Variables	(1) ROA	(2) ROA	(3) Tobin's Q	(4) Tobin's Q
Boardsize	0.008*** (2.72)	-0.002 (-0.56)	-0.098* (-1.66)	0.039 (0.50)
Indirecter	-0.033** (-2.43)	-0.015 (-1.11)	0.735** (2.51)	0.836*** (3.02)
Duality	0.003*** (2.96)	0.003*** (3.10)	0.020 (0.90)	0.022 (1.03)
Shareholder	0.026*** (5.88)	0.018*** (3.73)	-0.231*** (-4.17)	-0.354*** (-6.57)
Opinion	0.038*** (5.72)	0.036*** (5.62)	-0.154 (-1.13)	-0.133 (-1.02)
Constant	-0.113*** (-8.50)	-0.155*** (-11.75)	5.343*** (19.73)	5.592*** (21.17)
Ind	No	Yes	No	Yes
Year	No	Yes	No	Yes
Observations	6 239	6 239	6 239	6 239
Adj R²	0.178	0.219	0.196	0.255

注：(1) ***、**、*分别表示在1%、5%、10%的置信区间显著；(2) 括号内为双尾T值；(3) 上述回归均在公司层面作Cluster处理。

在我国，民营企业迫于市场压力等，能及时对市场作出反应和适应市场变化，并获取较大的利润（周黎安，2007），因而较国有企业，民营等制造企业政策负担更小、经营目标更明确，更有动力对服务领域价值链布局，也更期望利用我国市场上廉价的劳动力和恰当的服务化模式赚取利润（卢福财和胡平波，2008），因而在实施产品延伸性服务化模式时，因所有制差异，可能会带来不一致的经济后果。为了进一步检验不同所有制制造企业产品延伸性服务化模式的效果，将制造企业按照产权性质不同划分为国有与非国有两类，并分组回归。表5-6汇报了所有制分组回归结果，国有企业子样本中，产品延伸性服务化模式与资产收益率、托宾Q值均显著为负，表明国有制造企业实施上述模式给业绩带来消极影响。但在非国有子样本中，制造企业产品延伸性服务化模式对其业绩未产生实质性影响。综合分组检验结果发现，较其他类型企业，国有制造企业产品延伸性服务化行为对业绩弱化的作用更显著，H5-3 得证。

表 5-6　基于所有制分组的产品延伸性服务化模式对公司业绩影响的估计结果

Variables	ROA 国有	ROA 非国有	Tobin's Q 国有	Tobin's Q 非国有
PSM	-0.008** (-3.13)	0.005 (1.50)	-0.240*** (-3.88)	0.101 (1.55)
Lev	-0.108*** (-10.79)	-0.131*** (-13.09)	-0.716*** (-6.99)	0.588*** (5.74)
Size	-0.005*** (-7.16)	-0.005*** (-5.49)	-0.216*** (-13.19)	-0.475*** (-26.57)
Age	-0.013 (-1.36)	-0.001 (-0.10)	-0.002 (-0.01)	0.084 (0.42)
Boardsize	-0.012** (-2.49)	0.006 (0.94)	0.052 (0.44)	0.212* (1.84)
Indirecter	0.002** (2.07)	0.003*** (3.10)	0.004 (0.03)	0.028 (1.26)
Duality	-0.015 (-1.44)	0.012*** (4.16)	0.287*** (4.45)	0.100 (1.41)
Shareholder	0.044*** (9.59)	0.065*** (14.16)	0.545*** (3.82)	-0.642*** (-4.50)
Opinion	0.022** (2.05)	0.051*** (4.54)	0.225 (0.73)	0.170 (0.55)
Constant	-0.024* (-1.70)	-0.160*** (-11.64)	9.203*** (8.68)	5.229*** (19.16)
Ind	Yes	Yes	Yes	Yes
Year	Yes	Yes	Yes	Yes
Observations	2 170	4 069	2 170	4 069
Adj R²	0.184	0.219	0.422	0.248

注：(1) ***、**、* 分别表示在 1%、5%、10% 的置信区间显著；(2) 括号内为双尾 T 值；(3) 上述回归均在公司层面作 Cluster 处理。

因我国城乡二元经济结构的存在，不同地区在资源配置、要素市场、法制水平等方面差异较大。在东部地区，市场在资源配置中起主导作用（张霖琳等，2015），要素市场定价更加合理，企业产品及服务流动更加自由，为制造企业实施服务化战略提供了有利的外部条件。相较而言，非东部地区制造企业开展服务化业务时，将受到一系列外部环境的制约，如服务要素流动不畅、服务定价有失公允、服务业务开展受到政府干预等，这些因素均不利于制造企业产品延伸性服务化业务的开展，可能给其带来负面影响。表5－7报告了不同地区产品延伸性服务化模式经济后果的分组检验结果。从中可以发现，第（1）列、第（2）列中，非东部地区制造企业产品延伸性服务化模式与财务业绩显著负相关，而这一负面影响在东部地区却不显著。相应地，第（3）列、第（4）列中，虽然东部地区样本中制造企业实施产品延伸性服务化模式促进了市场业绩提升，但仅在10%的水平上显著，而在非东部地区样本中，其对市场业绩的弱化作用更明显，产品延伸性服务化模式在1%的水平上与托宾Q值负相关，且回归系数为－0.294。上述地区分组检验结果表明，较东部地区制造企业，其他地区制造企业实施产品延伸性服务化模式对业绩的弱化作用更显著，H5－4得证。

表5－7 基于地区分组的从产品延伸性服务化模式对公司业绩影响的估计结果

Variables	ROA 东部地区	ROA 其他地区	Tobin's Q 东部地区	Tobin's Q 其他地区
PSM	－0.001 （－0.29）	－0.014*** （－2.66）	0.125* （1.70）	－0.294*** （－3.98）
Lev	－0.108*** （－16.37）	－0.122*** （－16.68）	－0.133 （－1.59）	0.127 （1.51）
Size	0.013*** （9.82）	0.018*** （11.06）	－0.039*** （－4.62）	－0.047*** （－5.56）
Age	－0.007*** （－12.69）	－0.007*** （－10.88）	－0.074*** （－11.08）	－0.066*** （－8.51）
Boardsize	0.023*** （3.40）	0.022*** （2.77）	－0.162* （－1.86）	－0.045 （－0.48）

续表

Variables	ROA 东部地区	ROA 其他地区	Tobin's Q 东部地区	Tobin's Q 其他地区
Indirecter	0.007 * (1.77)	0.053 *** (13.40)	0.108 ** (2.05)	0.173 *** (3.28)
Duality	-0.000 (-0.11)	0.007 *** (2.83)	0.055 ** (2.00)	0.049 * (1.78)
Shareholder	0.017 *** (3.19)	0.013 ** (2.20)	0.140 (0.59)	0.114 (1.60)
Opinion	0.029 * (1.80)	0.007 (0.42)	0.016 (0.07)	-0.017 (-0.09)
Constant	-0.171 *** (-5.04)	-0.256 *** (-5.92)	2.832 *** (6.46)	3.263 *** (6.41)
Ind	Yes	Yes	Yes	Yes
Year	Yes	Yes	Yes	Yes
Observations	4 223	2 016	4 223	2 016
Adj R^2	0.229	0.303	0.386	0.373

注：(1) ***、**、*分别表示在1%、5%、10%的置信区间显著；(2) 括号内为双尾T值；(3) 上述回归均在公司层面作Cluster处理。

5.4.4 稳健性测试

1. 替换主要变量

本章基准检验中，以资产收益率和托宾Q值分别度量制造企业财务业绩和市场业绩，为稳健起见，对因变量及核心解释变量予以替换，再次检验产品延伸性服务化模式对制造企业的业绩影响。与第4章一致，采用净资产收益率（ROE）与个股年度收益率（Ret）作为财务业绩和市场业绩的替代指标，选用产品延伸性服务化业务收入占比（Serption）替代原核心解释变量。表5-8提供了指标更替后的测试结果，产品延伸性服务化业务收入占比在1%的水平上对净资产收益率（ROE）和个股年度收益率（Ret）产生负向影响，其与基准检验结论相一致。

表 5-8　　　　　　　　　　指标替换后的稳健性测试结果

Variables	(1) ROE	(2) Ret
Serption	-0.021*** (-4.64)	-0.106*** (-8.72)
Lev	-0.051*** (-17.47)	0.043** (2.31)
Size	0.021*** (22.47)	0.015 (1.16)
Age	-0.001*** (-7.52)	0.037*** (42.91)
Boardsize	-0.011** (-2.12)	0.041* (1.75)
Indirecter	-0.007*** (-3.05)	-0.056 (-0.41)
Duality	0.007*** (3.49)	-0.014 (-1.61)
Shareholder	0.013*** (2.58)	0.017 (0.31)
Opinion	0.050*** (4.21)	0.018 (0.34)
Constant	-0.318*** (-12.98)	-1.252*** (-11.58)
Ind	Yes	Yes
Year	Yes	Yes
Observations	6 239	6 239
Adj R²	0.093	0.471

注：(1) ***、**、* 分别表示在1%、5%、10%的置信区间显著；(2) 括号内为双尾T值；(3) 上述回归均在公司层面作 Cluster 处理。

2. 选择性偏差

开展产品延伸性服务化活动的企业本身可能业绩更优，因而产品延伸性服务化模式与制造企业业绩间可能存在选择性偏误，使得参数估计不具有典型意义。基于 Heckman 两阶段方法，借鉴方等（2008）、陈丽娴（2017）等的文献，以行业资产负债率（Isize）、行业总资产报酬率（IROA）、公司营业总收入（Pe）构建制造企业是否选择产品延伸性服务化模式的模型，对产品延伸性服务化模式的业绩后果进行再次检验。表 5 - 9 的稳健性检验结果表明，产品延伸性服务化模式分别在 5% 的水平上对财务业绩及市场业绩产生负面影响，相关系数各为 -0.016 和 -0.045，再次支持了上文结论。

表 5 - 9　　　　　　　　Heckman 第二阶段回归结果

Variables	(1) ROA	(2) Tobin's Q
PSM	-0.016 ** (-2.27)	-0.045 ** (-2.46)
Lev	0.159 *** (11.69)	0.178 *** (3.78)
Size	-0.102 *** (-15.96)	-0.137 *** (-4.59)
Age	-0.002 (-1.58)	-0.001 (-0.33)
Boardsize	-0.001 (-0.04)	0.014 (0.83)
Indirecter	0.074 (0.85)	0.108 ** (2.31)
Duality	0.002 (0.23)	0.012 *** (3.54)
Shareholder	0.004 * (1.93)	0.094 (0.63)
Opinion	-0.005 (-0.60)	-0.058 (-1.55)
IMR	-0.107 *** (-2.66)	-0.159 *** (-5.16)

续表

Variables	(1) ROA	(2) Tobin's Q
Constant	0.064 (0.46)	10.811*** (18.38)
Ind	Yes	Yes
Year	Yes	Yes
Observations	6 239	6 239
Adj R²	0.370	0.254

注：(1) ***、**、* 分别表示在1%、5%、10%的置信区间显著；(2) 括号内为双尾T值；(3) 上述回归均在公司层面作 Cluster 处理。

3. 跨期内生性

动态内生性问题是研究企业经济后果无法回避的问题。制造企业业绩较好时，丰富的财务资源将推动其实施诸如服务化转型等以往不曾涉及的重大战略，造成本期业绩对未来产生跨期影响。为弱化上述跨期内生性对基准检验结果的影响，采用系统 GMM 方法，对原因变量滞后两期纳入模型后，再次回归。表5-10报告了系统 GMM 的测试结果，滞后一期资产收益率及托宾 Q 值与因变量显著正相关，且 Wald 值较显著，说明模型估计效果较好。特别地，在考虑业绩跨期影响因素后，产品延伸性服务化变量与财务业绩和市场业绩依然显著负相关，表明基准检验结论较稳健。

表5-10　　　　　　　　　系统 GMM 回归结果

Variables	(1) ROA	(2) Tobin's Q
PSM	-0.014*** (-2.63)	-0.154* (-1.76)
L1.(ROA/Tobin's Q)	0.562*** (15.67)	0.298*** (6.48)

续表

Variables	(1) ROA	(2) Tobin's Q
L2. (ROA/Tobin's Q)	0.057 * (1.76)	-0.052 (-1.40)
Lev	-0.077 *** (-6.95)	-0.425 ** (-2.11)
Size	0.010 *** (4.08)	-0.082 ** (-1.98)
Age	0.001 (0.91)	0.081 *** (6.15)
Boardsize	-0.001 (-0.13)	-0.017 (-0.18)
Indirecter	-0.211 (-0.09)	-0.454 (-0.30)
Duality	-0.005 (-1.35)	-0.014 (-0.38)
Shareholder	0.010 (1.46)	-0.078 (-0.96)
Opinion	0.029 ** (2.23)	-0.014 (-0.92)
Constant	-3.526 *** (-3.52)	2.238 ** (2.35)
Observations	5 594	5 594
Wald chi^2	585.31 ***	504.90 ***

注：(1) ***、**、* 分别表示在1%、5%、10%的置信区间显著；(2) 括号内为双尾 T 值；(3) 上述回归均在公司层面作 Cluster 处理。

5.5 进一步讨论

5.5.1 作用机制分析

就产品延伸性服务化模式经济后果的影响机制而言，江小涓（2008）

指出，服务业相对制造业总体上是劳动密集的，制造企业在服务化过程中需要大量要素投入，一定程度上强化了制造业劳动要素的投入，即从整体上改变了要素结构，最终影响企业经济效益。从资源要素结构看，产品延伸性服务价值创造能力较弱，难以从根本上变革以往劳动主导的生产方式，在产品附加服务中仍需要投入大量劳动力，使得企业劳动要素结构未能显著优化，可能造成制造企业业绩的进一步恶化。因而，在产品延伸性服务化模式中，劳动要素结构可能影响制造企业的最终业绩表现。采用周楷唐等（2017）机制检验方法，进一步检验上述机制是否成立，回归结果列示于表 5 – 11。

表 5 – 11 列示了劳动要素结构维度下产品延伸性服务化模式对公司业绩的作用机制。其中，参考张和高（Zhang and Gao，2015）等的文献，以应付工资总额与应付福利总额的总和的自然对数作为劳动要素结构的替代指标。第（1）列报告了产品延伸性服务化模式对劳动要素结构（Labstructure）影响的估计结果，产品延伸性服务化模式（PSM）与劳动要素结构（Labstructure）在5%的水平上显著正相关，表明制造企业实施产品延伸性服务化模式将提升其劳动要素配置水平。同时，第（2）~（5）列分别呈现了基于中位数划分劳动要素结构（Labstructure）的回归结果。结果发现，较高组的劳动要素结构显著降低了制造企业财务业绩和市场业绩，而这一结果在较低组却不显著。由此说明，产品延伸性服务化模式在高劳动要素结构组对制造企业业绩的影响更明显，且产品延伸性服务化的确可以通过劳动要素结构变化而弱化制造企业财务业绩及市场业绩。

表 5 – 11　产品延伸性服务化模式对公司业绩的作用机制检验结果

Variables	(1) Labstructure	(2) ROA 低组	(3) ROA 高组	(4) Tobin's Q 低组	(5) Tobin's Q 高组
PSM	0.050** (2.34)	0.000 (0.07)	-0.010*** (-3.60)	-0.018 (-1.32)	-0.059*** (-3.21)
Lev	-0.106*** (-28.31)	-0.036*** (-16.39)	-0.076*** (-18.23)	-0.282*** (-8.13)	-0.565*** (-16.68)

续表

Variables	(1) Labstructure	(2) ROA 低组	(3) ROA 高组	(4) Tobin's Q 低组	(5) Tobin's Q 高组
Size	-0.177*** (-28.88)	0.005*** (12.78)	0.006*** (8.45)	-0.049*** (-7.91)	-0.226*** (-24.25)
Age	-0.005*** (-3.70)	-0.000*** (-7.39)	0.000*** (3.89)	0.003*** (5.09)	0.014** (2.45)
Boardsize	0.025** (2.21)	-0.000 (-0.16)	0.005 (0.88)	0.038** (2.32)	0.166 (0.94)
Indirecter	-0.081 (-0.81)	-0.003 (-1.34)	0.039* (1.75)	0.184 (1.23)	0.561 (1.05)
Duality	0.063*** (4.15)	0.001 (1.23)	-0.000 (-0.32)	-0.002 (-0.31)	0.045 (0.67)
Shareholder	0.037 (1.58)	-0.001 (-0.20)	0.019*** (5.37)	-0.030* (-1.95)	0.458*** (3.86)
Opinion	0.032*** (3.21)	0.037*** (9.11)	0.011 (0.88)	0.157** (2.11)	-0.394 (-0.91)
Constant	5.337*** (33.56)	-0.099*** (-10.68)	-0.042** (-2.02)	2.545*** (32.69)	7.300*** (9.15)
Ind	Yes	Yes	Yes	Yes	Yes
Year	Yes	Yes	Yes	Yes	Yes
Observations	6 239	3 120	3 119	3 120	3 119
Adj R²	0.291	0.139	0.119	0.209	0.144

注：(1) ***、**、* 分别表示在1%、5%、10%的置信区间显著；(2) 括号内为双尾T值；(3) 上述回归均在公司层面作 Cluster 处理。

5.5.2 时滞效应分析

在开展产品延伸性服务业务当期，制造企业通过商业模式创新，供给新服务内容，均需要投入大量资源以维持上述服务的正常运转（Kastalli et al.，2013）。因而，制造企业当期的产品延伸性服务化活动将对业绩带来显著影响。然而，随着进入市场的时间增加以及营销策略的不断调整，产品延伸性服务化模式必然越来越符合市场需求，服务内容也将呈现定期化、常态化特征，对业绩可能产生递减影响。表5-12进一步测试了产品延伸性服务化模式对制造企业T+1期和T+2期的影响，结果显示：在T+1期，产品延伸性服务化模式负向影响财务业绩和市场业绩，且在5%的水平上显著，但在T+2期，上述负向影响不再显著，表明产品延伸性服务化模式对制造企业业绩的影响主要体现在T期和T+1期，并随时间递减。

表5-12　　产品延伸性服务化模式对公司业绩影响的时滞效应估计结果

Variables	(1) ROA_{t+1}	(2) ROA_{t+2}	(3) Tobin's Q_{t+1}	(4) Tobin's Q_{t+2}
PSM_{t-1}	-0.009** (-2.03)	0.005 (1.62)	-0.210** (-2.39)	-0.011 (-1.61)
Lev_{t-1}	-0.103*** (-33.75)	-0.094*** (-28.29)	-1.222*** (-20.63)	-1.143*** (-18.51)
$Size_{t-1}$	0.013*** (9.59)	0.006*** (9.74)	-0.293*** (-26.91)	-0.310*** (-27.20)
Age_{t-1}	-0.000* (-1.73)	0.000 (0.93)	0.080*** (43.53)	0.084*** (42.54)
$Boardsize_{t-1}$	-0.003 (-0.81)	-0.002 (-0.74)	0.244*** (4.01)	0.192*** (3.06)
$Indirecter_{t-1}$	-0.037*** (-2.77)	-0.032** (-2.50)	0.653 (1.36)	0.230 (0.51)
$Duality_{t-1}$	0.003*** (2.80)	0.002 (1.54)	0.032 (1.35)	0.028 (1.14)
$Shareholder_{t-1}$	0.005* (1.81)	0.003 (0.79)	0.296*** (5.16)	0.307*** (5.12)
$Opinion_{t-1}$	0.025*** (3.19)	0.011 (1.61)	-0.293* (-1.88)	-0.615*** (-3.77)
Constant	-0.083*** (-5.61)	0.006* (1.72)	6.879*** (23.82)	7.667*** (25.54)
Ind	Yes	Yes	Yes	Yes
Year	Yes	Yes	Yes	Yes

续表

Variables	(1) ROA$_{t+1}$	(2) ROA$_{t+2}$	(3) Tobin's Q$_{t+1}$	(4) Tobin's Q$_{t+2}$
Observations	5 594	4 940	5 594	4 940
Adj R^2	0.142	0.115	0.267	0.272

注：(1) ***、**、* 分别表示在1%、5%、10%的置信区间显著；(2) 括号内为双尾 T 值；(3) 上述回归均在公司层面作 Cluster 处理。

5.5.3 经济周期分析

经济周期是各国管理部门宏观调控的关注点，也是微观经济组织需要着重应对的外部环境（饶品贵和姜国华，2013），其对企业各种战略部署和经营活动产生显著影响。经济扩张期间，整个市场需求较为旺盛，冲动性消费更加明显，具有产品导向特征的延伸性服务化活动更受市场欢迎，业绩表现会更好。而在经济紧缩期间，货币供应减少、筹资成本上升、消费增速放缓，市场消费者对同质化服务内容的购买活动更少，产品延伸性服务化模式对制造企业的业绩造成冲击。借鉴既往文献（孙早和宋炜，2013；陈漫和张新国，2016；陈磊等，2018）对经济周期的研究，将 2009 年、2012 年、2013 年及 2017 年划分为经济紧缩期组，其他年份归为经济扩张期组，进一步考察经济周期对产品延伸性服务化模式与业绩关系的影响。表 5-13 报告了分组回归结果，可以发现，在经济扩张期，产品延伸性服务化对资产收益率和托宾 Q 值均未产生显著影响，但在经济紧缩期，相应影响在 1% 的水平上显著为负，表明经济紧缩期加剧了产品延伸性服务化模式对业绩的负面影响。

表 5-13 经济周期对产品延伸性服务化模式业绩影响的估计结果

Variables	ROA		Tobin's Q	
	经济扩张期	经济紧缩期	经济扩张期	经济紧缩期
PSM	-0.003 (-0.89)	-0.012 *** (-3.28)	0.048 (0.78)	-0.018 *** (-2.81)

续表

Variables	ROA		Tobin's Q	
	经济扩张期	经济紧缩期	经济扩张期	经济紧缩期
Lev	-0.110*** (-25.95)	-0.101*** (-21.03)	0.572*** (6.19)	0.101 (1.08)
Size	0.005*** (6.63)	0.005*** (5.88)	-0.532*** (-31.40)	-0.331*** (-19.13)
Age	-0.018*** (-4.27)	-0.019*** (-3.96)	0.634*** (7.09)	0.352*** (3.62)
Boardsize	-0.002 (-0.41)	-0.009 (-1.59)	0.080 (0.72)	-0.180 (-1.57)
Indirecter	-0.033* (-1.79)	-0.024 (-1.19)	1.173*** (2.95)	0.388 (0.97)
Duality	0.007*** (3.85)	0.010*** (4.35)	-0.311*** (-7.41)	-0.143*** (-3.32)
Shareholder	0.052*** (10.06)	0.048*** (7.95)	-1.265*** (-11.15)	-1.019*** (-8.67)
Opinion	0.014 (1.59)	-0.003 (-0.30)	-0.774*** (-4.07)	-1.197*** (-5.58)
Constant	0.006 (0.27)	0.037 (1.37)	12.656*** (24.93)	10.171*** (19.47)
Ind	Yes	Yes	Yes	Yes
Year	Yes	Yes	Yes	Yes
Observations	3 454	2 785	3 454	2 785
Adj R²	0.224	0.212	0.267	0.239

注：(1) ***、**、* 分别表示在1%、5%、10%的置信区间显著；(2) 括号内为双尾T值；(3) 上述回归均在公司层面作Cluster处理。

5.5.4 服务化状态分析

制造企业在实施产品延伸性服务化模式过程中，主要表现为两种状态：一为持续的服务化行为；二为间断的服务化行为。一般而言，连贯的战略行为有助于深化战略执行，更好发挥战略作用。受同质化、低价值制约的产品导向服务化本身会给制造企业业绩带来负面影响,但持续实施的经济后果仍需进一步检验。与第 4 章保持一致,通过设置"是否具有连续服务化行为"的哑变量(Continuous),考察服务化状态对产品延伸性服务化模式与制造企业业绩关系的影响。表 5 – 14 报告了引入服务化状态哑变量后的回归结果,可以发现,连续的产品延伸性服务化行为对资产收益率产生显著负向影响,而对托宾 Q 值的影响却不显著。以上表明,持续的产品延伸性服务化行为会弱化制造企业财务业绩,但不会显著影响市场业绩。

表 5 – 14　服务化状态对产品延伸性服务化模式业绩影响的估计结果

Variables	(1) ROA	(2) Tobin's Q
Continuous	-0.008 ** (-2.09)	0.263 (0.63)
Lev	-0.112 *** (-6.14)	-0.144 *** (-4.88)
Size	0.008 *** (2.97)	-0.177 *** (-7.85)
Age	-0.000 (-0.82)	-0.104 (-0.35)
Boardsize	-0.008 *** (-3.24)	-0.184 ** (-1.98)
Indirecter	0.033 (1.47)	0.181 ** (2.42)
Duality	0.014 * (1.84)	0.157 *** (2.60)
Shareholder	0.009 (-0.23)	0.012 (0.14)
Opinion	-0.064 (0.81)	0.004 (0.68)
Constant	0.037 (0.53)	13.764 *** (8.45)

续表

Variables	(1)	(2)
	ROA	Tobin's Q
Ind	Yes	Yes
Year	Yes	Yes
Observations	1 002	1 002
Adj R²	0.181	0.489

注：(1) ***、**、* 分别表示在1%、5%、10%的置信区间显著；(2) 括号内为双尾T值；(3) 上述回归均在公司层面作 Cluster 处理。

5.6 本章小结

本章内容检验了我国主板制造业上市公司2008～2017年产品延伸性服务化模式的经济后果，主要考察了其对企业财务业绩和市场业绩产生的影响，并基于所有制及地区角度，检验了上述因素影响下企业产品延伸性服务化模式的差异性表现。经研究发现：(1) 产品延伸性服务化模式显著弱化了制造企业财务业绩与市场业绩；(2) 较其他类型企业，国有制造企业实施产品延伸性服务化模式对业绩的弱化作用更显著；(3) 较资源配置水平更高的东部地区制造企业，其他地区企业实施产品延伸性服务化模式对业绩的弱化作用更显著；(4) 通过对时滞效应的考察，随着产品延伸性服务化模式的深度推进，其对财务业绩和市场业绩的负向影响逐渐变小；(5) 通过对经济周期的考察，经济紧缩期加剧了产品延伸性服务化模式对业绩的负面影响；(6) 通过对服务化状态的考察，持续实施产品延伸性服务化模式对财务业绩带来消极影响，但对市场业绩的影响并不显著。

本章的研究结论深化了对产品延伸性服务化模式经济后果的理解。首先，在服务化领域，部分文献（Fang et al.，2008；陈丽娴，2017）探讨了服务化行为与财务绩效的关系，但鲜有将不同服务化模式分解抽离，综合考察产品延伸性服务化模式对财务业绩及市场业绩的影响。本书在既往文献基础上进一步考察了上述问题，研究结论支持了"业绩悖论观"，强化对该模式服务化行为经济后果的理解。其次,针对以往文献较少探讨服务化模式经济后果作用机制的现实,本章从劳动要素结构角度分析和检验了相应的机理,并基于产权性质、地区差异、时间因素、经济环境、服务状态等多个维度展开进一步分析及检验,为区分不同条件下产品延伸性服务化模式的经济后果提供了新证据。

第6章

外包性服务化模式的经济后果研究

由"承包"到"外包"的蜕变现象普遍存在于我国制造业上市公司中，在市场中购买非核心服务成为优秀企业保持资产专有性和实现价值共创的可行选择。本章针对制造企业外包性服务化模式的经济后果，着重考察该模式对财务业绩及市场业绩的影响以及可能的作用机制。进一步地，通过稳健性测试确保基准检验结论可靠的基础上，考虑内外部约束及其他因素对上述关系的差异性影响。

6.1 引言

随着经济全球化趋势不断增强，精细化产业分工成为制造企业发展的新形式。制造企业服务化过程中，不同业务及环节呈现出显著的分散化特征（吕越等，2017），非核心服务业务的战略性外包受到极大关注。外包服务化是制造企业将自身传统专用性较低的非核心业务由外部服务商提供（Besanko et al.，1996），以此平衡核心业务与补充性业务的关系。

从世界制造业服务外包发展实践看，外包服务已经在世界范围内广泛开展，部分制造企业为了解决业务不聚焦的弊端，主动推行服务业务外包化战略。实践中，外包性服务不仅是大型制造企业的"专属品"，也日益被中小制造企业认可和实施（纪志坚等，2007）。进言之，将难以带来比较优势的服务环节外包于出价更低的厂商，是大多数具有战略眼光企业的选择。发达国家中，制造企业外包服务占比几近20%，且这一趋势仍在持续。根据霍景东和黄群慧（2012）的测算数据显示，美国制造企业服务外包比例在2005年达到22.5%，同时期英国制造业外包化比率约为19%。世界知名制造商中，不乏通用电气公司、耐克、可口可乐等大型公司剥离非核心劳务服务的案例。以上均表明，制造企业开展外包性服务化活动具有一定的现实基础。

既往文献中，虽然部分文献涉及外包性服务化模式，但多从宏观贸易（刘斌等，2016；吕越等，2017；刘维刚和倪红福，2018；马盈盈和盛斌，2018）、产业投入产出（顾乃华等，2010；杨玲，2015；肖挺，2016）层面探讨。从我国微观制造企业而非以往行业角度着手,以商业模式异质性角度考察外包性服务化模式的经济后果文献十分匮乏。可能的原因是:其一,制造业服务化问题在产业层面最先被关注和研究,部分产业经济学学者更倾向于从学科视角探讨该问题;其二,从宏观及产业层面考察制造业外包性服务化模式经济后果,诸如投入产出等数据更容易获得,而从微观角度研究上述问题,数据不易取得,需要手工翻阅各年数千份制造业上市公司各类定期及临时公告,同时参考经营范围、营业收入(或支出)构成等来确定最终样本;其三,部分学者将"制造企业服务化"视为一个独立变量。事实上,从商业异质性角度看,制造企业服务化是知识性服务化模式、产品延伸性服务化模式、外包性服务化模式的集合,需要分别予以考察。鉴于此,本章借鉴资产专用性及价值共创理论,着重探讨外包性服务化模式对微观制造企业业绩的影响,并通过机制检验、稳健性测试、进一步分析等深入研究,以弥补现有文献在外包性服务化模式实证研究不足的问题。

6.2 理论分析与研究假设

资产专用性理论(Asset Specificity Theory)表明,企业资产专用程度越高,越容易为产权主体带来超额回报,但流动性和可转换能力的限制将带来交易成本的增加(Williamson,1985)。为保持可占用性准租优势,专用程度高、不确定性强的业务内部化更有利(Williamson,2000),而专用程度低的业务由外部供应商提供则会降低交易费用、优化资源配置效率。以上资产专用性理论表明,将专用性低的非核心业务外包有益于制造企业降低交易成本、专注核心业务。

对于传统制造企业,机器设备等资产的专用性较强,转嫁成本偏高,转变用途易造成效率及价值的双重损失(江小涓,2008),带来深度"套牢"问题。而多数劳动密集型制造企业拥有丰富的人力资源,与之相关的劳务、运营、培训等业务专用程度不高,沉淀成本与用途损失偏低。采取恰当的外包性服务化模式,可以节约非必要成本来提升制造企业业绩(Christina,

2001；Menon and Ackerman，2010）。来自美国外包研究所的调查发现，外包能够为制造企业带来降低近10%成本的效果。首先，专用性低的非核心业务运营易在市场购买和交易，有利于制造企业实施外包性服务化模式来减少交易费用。同时，企业通过服务业务外包将增强与外部供应商的战略合作关系（Besanko et al.，1996），亦有助于服务成本的降低。其次，外包性服务化模式可借助供应商规模经济效应实现非核心业务的效率最优化（陈菲，2005）。差异化较小及不需要投入大量专用性资产的业务更适合外包（贾楠和李丹，2016）。在服务外包过程中，具有同质服务需求的制造企业聚集于外部供应商，实现了人员、设备、财务、培训等多方面共享（Grossman and Hart，1986），能够提升服务效率与服务能力。最后，制造企业将特定服务外包于业务更专业、定价更合理的供应商，将直接减少经营成本（彭璧玉，2001）。例如，供应商经过服务经验的长期积累，学习效应使服务效率与服务成本持续优化（姚战琪，2010），将为制造企业"降本"带来直接效果。可见，将非核心服务外包能够提升制造企业财务业绩。基于以上讨论，本书提出如下假设：

H6-1：制造企业实施外包性服务化模式能够显著增强财务业绩。

根据价值共创理论（Value Co-creation Theory），客户是价值创造的核心，其在消费过程中带来增值（Prahalad and Ramaswamy，2004）。外包过程中，制造企业对服务价值需求强烈，有动机参与至服务项目，与供应商就服务活动形成"价值联盟"（Johnson，2008），这使得供需双方边界被打破，原有的买卖关系转变为商业合作关系，价值创造随之深嵌于服务外包全程，"服务主张逻辑"不断推动双方业绩的提升。

价值共创环境下，虽然制造企业与服务供应商间形成了紧密的合作关系，但作为发包方和消费者的制造企业占据权力优势（Cox，2004；王永贵等，2015），会持续提出提升服务价值的主张，而弱势的服务供给者考虑到长久合作关系将尽可能满足前者诉求，向外包企业及其客户贡献增量价值，以促进双方"共赢"局面的出现。在以上价值主张过程中，制造企业更关注如何通过外包来提升自身的市场业绩。利用外包性服务化战略，制造企业重塑传统核心业务，通过培育和升华市场核心竞争力构筑业务壁垒，在维护自身市场利益的同时，避免并购风险和竞争危机的出现（孙忠娟等，2018）。对于劳务工程、人资培训、客户服务等补充性服务业务，投入或占用过多资源难以为企业创造明显的额外价值（吕巍和郑勇强，2001），需要制造企业将上述冗余服务尽可能分包出去，减轻业务膨胀带来的负担，确保公司在市场中灵活竞争。此外，随着我国制造业规模的不断扩大，多样和复杂的业务给企业经营带来极大困扰，理性选择服务资源的投入方式及力度成为制造企业服务外包决策的关键（蔺雷和吴贵生，2005）。在决策中，服务供应商实力是一个不容忽视的因素（Weeks and Feeny，2008）。越来越多的制造企业倾向保留专长，甩掉"臃肿"的服务业务包袱，并通过寻求优势供应商来实现外包性服务业务增值，促进企业市场综合业绩的提升。基于以上讨论，本书提出如下假设：

H6-2：制造企业实施外包性服务化模式能够显著增强市场业绩。

以往研究表明，所有制差异对外包服务经济后果产生重要影响。我国是社会主义市场经济体制，国有经济在国民经济中占有非常重要的地位（霍景东和黄群慧，2012）。我国上市公司可分为国有性质上市公司和非国有性质上市公司，其在治理效率、财务决策等方面具有显著差异（陆正飞等，2015）。国有性质上市公司不是私有产权拥有者自由选择的结果，权利也难以自由转让，因此国有性质企业的法人治理结构存在"先天缺陷"，国有性质企业的管理者在选择经营行为时，往往不把成本控制和利润最大化作为经营管理的首要目标，可能导致外包性服务化动力不足、效果不佳。此外，从民营等非国有产权企业来看，其在决策机制、经营安排、市场应变等方面具有明显优势，实施外包性服务化战略更能体现市场化、效益化原则，相应的业绩效果可能更好。佐特和阿密特（Zott and Amit，2008）研究了离岸服务外包对美国私营制造业生产率的影响，发现美国离岸服务外包提高了私营制造行业的生产率，离岸服务外包可以显著促进私营制造业劳动生产率增长。同时，来自中国的经验研究也得到了类似结论。姚战琪（2010）根据中国投入产出表就中国工业行业的工业外包、服务外包和总体外包对生产率的影响进行实证验证，分析结果显示工业外包、服务外包和总体外包对制造业生产率都有促进效应，且上述促进作用在非国有企业更明显。基于以上讨论，本书提出如下假设：

H6-3：较国有制造企业，非国有企业实施外包性服务化模式对业绩的提升作用更明显。

改革开放以来，我国制造业借助先行一步的市场化改革，不断完善企业的微观治理结构，同时吸引了大量国外资本和技术流入制造业，最终大大提高了我国制造业竞争力。20世纪90年代初以来，中国各地区特别是沿海发达地区因开放而大量吸收了跨国公司的直接投资、产业转移和外包订单，使那些附加价值较低的、加工贸易为主的制造业得到了迅速的成长（刘志彪和吴福象，2005）。随着外包服务企业的技术进步与经验积累，部分东部地区制造企业核心竞争力不断增强，一味承接外包业务难以为之提供可观收益，因而资本密集的制造企业开始积极探索由承接外包向对外发包的转变。在欠发达地区，多数制造企业正处于接受东部沿海地区产业转移与技术扩散的阶段，较发达地区，其缺乏技术创新能力、组织管理能力、自主知识品牌以及外部积极的商业环境氛围，不仅不利于具有比较优势的制造企业近距离转移非核心服务业务，还可能因人力资源供给及服务效率效果制约损害劳务等外包服务质量，使之无法实现既定外包增值目标。基于以上讨论，本书提出如下假设：

H6-4：较其他地区，东部地区制造企业实施外包性服务化模式对业绩的促进作用更明显。

6.3 研究设计

6.3.1 样本及数据来源

本章初步样本源于 2008~2017 年所有沪深两市 A 股主板上市的制造企业，并在此基础上作如下处理：（1）剔除所有被特殊处理的企业；（2）删去所有存在数据残缺的样本企业；（3）剔除房地产开发等与制造企业价值链服务无关的多元化样本；（4）剔除已实施其他类别服务化模式（如知识性服务化模式或产品延伸性服务化模式）的交叉样本，确保回归结果反映外包性服务化模式对业绩产生的"净效应"；（5）剔除涉及房地产开发服务的样本。最终我们共得到 7 046 个观测值，其中实施外包性服务化的有 210 家 1 975 个公司年度观测。

除外包性服务化样本数据经手工收集和整理外，其他初始数据和信息均来自 Wind 咨询、Choice 金融及 Csmar 数据库。需要指出的是，外包性服务化样本数据能够通过上市公司公开披露的信息获得。另外，外包性服务化样本源于对上市公司《经营范围变更公告》《财务报告》《国民经济行业分类标准》等的识别与整理。

6.3.2 变量定义

1. 被解释变量

对于体现微观企业主要经济后果的财务业绩与市场业绩，多数学者提供了丰富的变量设定思路。在财务业绩变量度量方面，多数学者以资产收益率（ROA）和净资产收益率（ROE）指标测度。本章参考姜付秀等（2014）、赵宜一和吕长江（2015）等人的文献，在基准检验中采用资产收益率（ROA）作为被解释变量，在稳健性测试中以净资产收益率（ROE）替代。在市场业绩变量度量方面，学者们多采用托宾 Q 值（Tobin's Q）和个股年度收益率（Ret）两个指标度量。本章参考陆正飞和童俊莉（2001）、陈信元和黄俊（2016）等人的研究，选用托宾 Q 值测度市场绩效，并在稳健性测试中替换为个股年度收益率指标再次回归。

2. 解释变量

以往对制造企业服务化模式的研究，学者们将服务化视为一个整体性指标，多采用哑变量度量，但可直接借鉴的具体服务化模式测度指标较少。综合尼利（2007）、方等（2008）的方法，以哑变量方式对实施外包性服务化模式度量，当年实施外包性服务化模式的取 1，否则取 0。判定制造企业实施外包性服务化模式的标准主要依照《经营范围变更公告》《财务报告》《国民经济行业分类标准》等综合识别，方式与前文一致。此外，近年来也有部分学者（陈漫和张新国，2016）尝试以服务化业务收入（支出）占比来度量服务化，本书将之作为替代指标，在稳健性测试中使用。

3. 控制变量

现有文献针对公司业绩的研究成果较丰富，本书通过梳理和归纳，将可能显著影响制造企业财务与市场业绩的变量作为控制因素纳入分析模型中，主要包括：企业债务特征、规模特征、年龄特征、治理特征、审计特征等。参考姜国华和岳衡（2005）、陈正林和王彧（2014）、杨德明和刘泳文（2018）等研究，选取企业杠杆、企业规模、企业年龄、董事会规模、治理效率、两职合一、股权集中度、审计意见作为控制变量。此外，本书进一步控制了行业及年份效应。

各变量的具体定义见表6-1。

表6-1 变量定义

变量类型	变量名称	变量标识	变量定义
被解释变量	公司财务业绩	ROA	企业税后净利润÷资产总额×100%
	公司市场业绩	Tobin's Q	（企业权益市值+负债账面价值）÷期末总资产
解释变量	外包性服务化模式	OSM	当年实施外包性服务化模式取1，否则取0，以经营范围内包含其他服务且年度重大业务披露中涉及相应服务支出综合判定
控制变量	企业杠杆	Lev	总负债÷总资产×100%
	企业规模	Size	企业年末总资产的自然对数
	企业年龄	Age	企业成立年数的自然对数
	董事会规模	Boardsize	董事会人数的自然对数
	治理效率	Indirecter	独立董事人数÷董事会人数×100%
	两职合一	Duality	是否存在董事长和总经理兼任情况，1表示存在兼任，0表示没有兼任
	股权集中度	Shareholder	第一大股东持股数÷总股本×100%

续表

变量类型	变量名称	变量标识	变量定义
控制变量	审计意见	Opinion	出具标准无保留审计意见取1，否则取0
	所属行业	Ind	虚拟变量，根据中国证监会所颁布《上市公司行业分类指引（2012年修订）》的标准，制造业门类下的次类行业。具体分为C13~C43
	年度	Year	年份虚拟变量，该年取1，否则为0

6.3.3 模型构建

（1）为检验制造企业实施外包性服务化模式对财务业绩的影响，本章构建模型（6.1）。所有非因变量作一期滞后处理，以弱化模型中可能存在的内生性。

$$\begin{aligned} \text{ROA}_{i,t} = &\beta_0 + \beta_1 \text{OSM}_{i,t-1} + \beta_2 \text{Lev}_{i,t-1} + \beta_3 \text{Size}_{i,t-1} + \beta_4 \text{Age}_{i,t-1} \\ &+ \beta_5 \text{Boardsize}_{i,t-1} + \beta_6 \text{Indirecter}_{i,t-1} + \beta_7 \text{Duality}_{i,t-1} \\ &+ \beta_8 \text{Shareholder}_{i,t-1} + \beta_9 \text{Opinion}_{i,t-1} + \text{Ind} + \text{Year} + \varepsilon_{i,t} \end{aligned} \quad (6.1)$$

（2）为检验制造企业实施外包性服务化模式对市场业绩的影响，本章构建模型（6.2）。除因变量外，其他变量以滞后一期回归。

$$\begin{aligned} \text{Tobin's Q}_{i,t} = &\beta_0 + \beta_1 \text{OSM}_{i,t-1} + \beta_2 \text{Lev}_{i,t-1} + \beta_3 \text{Size}_{i,t-1} + \beta_4 \text{Age}_{i,t-1} \\ &+ \beta_5 \text{Boardsize}_{i,t-1} + \beta_6 \text{Indirecter}_{i,t-1} + \beta_7 \text{Duality}_{i,t-1} \\ &+ \beta_8 \text{Shareholder}_{i,t-1} + \beta_9 \text{Opinion}_{i,t-1} + \text{Ind} + \text{Year} + \varepsilon_{i,t} \end{aligned} \quad (6.2)$$

6.4 实证分析

6.4.1 描述性统计

表6-2报告了本章主要变量的描述性统计结果。刻画市场业绩的资产收益率（ROA）均值为0.046，标准差为0.094；反映市场业绩的托宾Q值（Tobin's Q）均值为2.140，标准差为1.334。以上因变量统计结果表明，样

本制造企业具有一定的财务业绩和市场业绩，且样本内部波动较大。从关键解释变量看，外包性服务化指标均值为0.280，标准差为0.432，说明我国A股主板上市公司中，一定数量的制造企业将自身非核心业务进行了对外转移，即实施了外包性服务化模式。此外，其他控制变量中，财务杠杆（Lev）平均值为0.434，标准差为0.215，说明多数制造企业采用了负债经营模式；企业规模（Size）均值为21.867，标准差为1.184，反映了制造企业具有规模化特征；上市年龄（Age）均值为2.776，标准差为0.210，说明多数制造企业有历史积淀；董事会规模（Boardsize）均值为2.147，独立董事占比（Indirecter）均值为0.371，两职合一（Duality）均值为0.269，说明制造企业内部治理较合理；第一大股东持股占比（Shareholder）均值为0.380，标准差为0.161，表明制造企业股权相对集中；审计意见（Opinion）均值为0.989，标准差为0.103，说明绝大多数制造企业审计状况较好，标准无保留意见普遍。

表6-2　　　　外包性服务化模式主要变量描述性统计表

Variables	(1) N	(2) Mean	(3) Std	(4) Min	(5) Max
ROA	7 046	0.046	0.094	-0.206	0.239
Tobin's Q	7 046	2.140	1.334	0.956	9.386
OSM	7 046	0.280	0.432	0.000	1.000
Lev	7 046	0.434	0.215	0.070	1.064
Size	7 046	21.867	1.184	19.366	25.402
Age	7 046	2.776	0.210	0.000	3.258
Boardsize	7 046	2.147	0.193	1.609	2.708
Indirecter	7 046	0.371	0.053	0.307	0.571
Duality	7 046	0.269	0.444	0.000	1.000
Shareholder	7 046	0.380	0.161	0.012	0.790
Opinion	7 046	0.989	0.103	0.000	1.000

注：所有连续变量已进行上下1%缩尾。

6.4.2 相关性分析

表6-3和6-4报告了外包性服务化模式主要变量相关系数矩阵分析结果,外包性服务化模式与制造企业财务业绩与市场业绩指标显著相关。具体来看,Panel A 中,制造企业外包性服务化模式(OSM)与资产收益率(ROA)正相关,且显著性水平为1%,初步表明制造企业实施外包性服务化模式有利于财务业绩的提升;Panel B 中,制造企业外包性服务化模式(OSM)与托宾 Q 值(Tobin's Q)正相关,显著性水平为1%,初步验证了制造企业实施外包性服务化模式有利于市场业绩提升的假设。此外,所有变量间相关系数均小于0.5,方差膨胀因子 VIF 值较低,说明解释变量与控制变量间相关性不强,不存在严重的多重共线性问题,上文变量选取与模型设定较合理。

6.4.3 基准检验

根据模型(6.1)和模式(6.2),对制造企业外包性服务化模式与财务业绩、市场业绩的关系进行回归,检验结果见表6-5。其中,第(1)列、第(3)列呈现的是未考虑行业及年度效应的回归结果,第(2)列、第(4)列反之。

从回归结果来看,第(1)列中,制造企业外包性服务化模式(OSM)在1%的水平上对财务业绩(ROA)产生积极影响。第(2)列中考虑了行业与年度固定效应的检验结果,其与第(1)列一致,说明制造企业外包性服务化模式显著提升了财务业绩,H6-1成立。第(3)列与第(4)列展示了外包性服务化模式对制造企业市场业绩影响的估计结果,我们发现无论是否考虑行业与年度因素,外包性服务化模式(OSM)均在1%的水平上对市场业绩产生积极影响,H6-2成立。以上外包性服务化模式的基准检验支持了既往文献中"业绩促进"的观点,从商业模式角度印证了以往研究结论的合理性。

表6-3　外包性服务化模式主要变量相关系数矩阵分析表 (A)

Panel A: ROA

Variables	ROA	OSM	Lev	Size	Age	Boardsize	Indirecter	Duality	Shareholder	Opinion
ROA	1									
OSM	0.013***	1								
Lev	−0.376***	0.017*	1							
Size	−0.050***	0.131***	0.467***	1						
Age	−0.164***	0.084***	0.389***	0.301***	1					
Boardsize	0.008	−0.022**	0.149***	0.227***	0.156***	1				
Indirecter	−0.024**	0.071***	−0.025**	0.010	−0.041***	−0.464***	1			
Duality	0.066***	0.006	−0.125***	−0.104***	−0.235***	−0.161***	0.100***	1		
Shareholder	0.071***	0.020**	−0.012	0.077***	−0.072***	−0.037***	0.078***	−0.030***	1	
Opinion	0.079***	0.012	−0.056***	0.000	−0.022**	0.013	−0.007	−0.002	0.034***	1

注：***、**、*分别表示在1%、5%、10%的置信区间内显著。

表6-4　外包性服务化模式主要变量相关系数矩阵分析表（B）

Panel B: Tobin's Q

Variables	Tobin's Q	OSM	Lev	Size	Age	Boardsize	Indirecter	Duality	Shareholder	Opinion
Tobin's Q	1									
OSM	0.109***	1								
Lev	-0.169***	0.017*	1							
Size	-0.180***	0.131***	0.467***	1						
Age	-0.197***	0.084***	0.389***	0.301***	1					
Boardsize	-0.006	-0.022**	0.149***	0.227***	0.156***	1				
Indirecter	-0.012	0.071***	-0.025**	0.010	-0.041***	-0.464***	1			
Duality	-0.042***	0.006	-0.125***	-0.104***	-0.235***	-0.161***	0.100***	1		
Shareholder	-0.005	0.020**	-0.012	0.077***	-0.072***	-0.037**	0.078***	-0.030***	1	
Opinion	0.021**	0.012	-0.056***	0.000	-0.022**	0.013	-0.007	-0.002	0.034***	1

注：***、**、*分别表示在1%、5%、10%的置信区间显著。

结合资产专用性理论和价值共创理论分析，我国多数制造企业具有劳动或资本密集型特征，相较机器设备等，劳动力专用性不强，将与之相关的劳务、运营、培训工作外包符合资产专用性理论要求。同时，伴随着近年来劳动力成本的不断上升，制造企业在涉及大量人工服务领域备受成本考验，将转移成本低、人工耗费高的非核心服务业务外包，将极大缓解制造企业成本约束，促进业绩改善。此外，制造企业将补充性服务业务直接交给承包方来做，将形成稳定且密切的战略合作关系（Kohli and Grover，2008），双方在发包与承包中相互学习，共创价值。国内外相关实践和研究均已表明：外包服务是专注核心业务能力快速提升的重要途径之一，而非核心服务业务的外包可以促使企业成功进行转型。因此，制造企业实施外包性服务化模式有利于通过专注核心业务，释放非核心要素来实现业绩提升，本部分的结论支持了前文预期。

表6-5　　　　外包性服务化模式对公司业绩影响的估计结果

Variables	(1) ROA	(2) ROA	(3) Tobin's Q	(4) Tobin's Q
OSM	0.011*** (6.87)	0.011*** (6.75)	0.282*** (8.40)	0.284*** (8.56)
Lev	-0.105*** (-33.33)	-0.108*** (-34.19)	0.322*** (4.85)	0.422*** (6.55)
Size	0.005*** (9.14)	0.006*** (10.65)	-0.444*** (-36.35)	-0.481*** (-39.95)
Age	-0.016*** (-5.14)	-0.016*** (-5.09)	0.442*** (6.80)	0.431*** (6.85)
Boardsize	-0.005 (-1.24)	-0.007* (-1.88)	-0.060 (-0.74)	0.047 (0.59)
Indirecter	-0.024** (-2.53)	-0.026*** (-2.65)	0.883*** (3.10)	0.942*** (3.42)
Duality	0.008*** (5.26)	0.008*** (5.63)	-0.215*** (-7.03)	-0.229*** (-7.73)

续表

Variables	(1) ROA	(2) ROA	(3) Tobin's Q	(4) Tobin's Q
Shareholder	0.049*** (12.38)	0.046*** (11.82)	-1.118*** (-13.55)	-1.017*** (-12.69)
Opinion	0.014 (1.62)	0.015* (1.69)	-0.906*** (-6.33)	-0.901*** (-6.49)
Constant	0.015 (0.83)	0.002 (0.10)	11.664*** (31.74)	11.708*** (32.74)
Ind	No	Yes	No	Yes
Year	No	Yes	No	Yes
Observations	7 046	7 046	7 046	7 046
Adj R²	0.179	0.219	0.186	0.243

注：(1) ***、**、*分别表示在1%、5%、10%的置信区间显著；(2) 括号内为双尾T值；(3) 上述回归均在公司层面作Cluster处理。

已有的研究表明，产权性质影响企业外包服务业绩。雷塞特等（Laicyt et al., 1994）指出，服务外包的原因包括财务原因（成本降低、增加成本控制等）、业务原因（回归核心竞争力等）、技术原因（获得技术人才等）、政治原因（证明效率、证明新资源的正当性等）。克朗鲁斯和奥贾萨洛（Gronroos and Ojasalo, 2004）认为，不同产权性质企业在外包服务中极易受到不同市场待遇，所有制对外包服务业绩的影响不容忽视。为了进一步讨论不同所有制制造企业的外包性服务化效果，我们将制造企业分为国有与非国有两类，进行分组回归。表6-6的回归结果显示，非国有制造企业实施外包性服务化模式对财务业绩及市场业绩产生积极的影响，相关系数分别为0.010和0.425；而国有制造企业实施外包性服务化模式在5%的水平上对财务业绩产生负向影响，其回归系数远小于非国有组相关系数，且对市场业绩的影响并不显著。以上表明，较国有企业，非国有制造企业外包性服务化模式对业绩的积极作用更显著，H6-3得证。

表6-6　基于所有制分组的外包性服务化模式对公司业绩影响的估计结果

Variables	ROA 国有	ROA 非国有	Tobin's Q 国有	Tobin's Q 非国有
OSM	-0.006** (-2.34)	0.010*** (4.03)	0.068 (1.50)	0.425*** (8.06)
Lev	-0.111*** (-21.43)	-0.086*** (-21.05)	-0.763*** (-7.46)	0.944*** (10.64)
Size	0.006*** (6.61)	0.007*** (9.45)	-0.477*** (-26.60)	-0.437*** (-25.87)
Age	0.024** (2.31)	-0.016*** (-5.00)	-0.043 (-0.21)	0.436*** (6.42)
Boardsize	0.010 (1.61)	0.000 (0.02)	-0.053 (-0.45)	-0.219* (-1.91)
Indirecter	-0.007 (-0.36)	-0.011* (-1.65)	1.206*** (3.02)	0.390 (0.96)
Duality	0.009*** (2.74)	0.003 (1.62)	-0.279*** (-4.34)	-0.078** (-2.22)
Shareholder	0.034*** (4.80)	0.060*** (13.12)	-0.510*** (-3.58)	-1.287*** (-12.80)
Opinion	-0.052*** (-4.68)	0.046*** (5.45)	-0.582*** (-2.64)	-1.080*** (-5.88)
Constant	-0.099** (-2.53)	-0.087*** (-3.72)	13.788*** (17.67)	11.945*** (23.31)
Ind	Yes	Yes	Yes	Yes
Year	Yes	Yes	Yes	Yes
Observations	2 720	4 326	2 720	4 326
Adj R²	0.188	0.220	0.415	0.234

注：(1) ***、**、*分别表示在1%、5%、10%的置信区间显著；(2) 括号内为双尾T值；(3) 上述回归均在公司层面作Cluster处理。

在我国，包括制造业在内的上市公司主要集中于东部地区，东部地区经济发展好于中西部地区，所面临的物质、劳动资源与市场条件也相对优越。

换言之，东部地区市场发育程度、要素流动水平更高，为制造企业实施外包性服务化模式提供了有利的外部条件。此外，相较中西部地区，东部地区人力资源更为丰富，开展劳务等服务外包较为便利，有利于制造企业实施外包性服务化模式实现业绩提升。表6-7报告了不同地区外包性服务化模式经济后果的分组检验结果。从中可以发现，第（1）列、第（2）列中，东部地区制造企业外包性服务化模式与财务业绩显著正相关，而在其他地区却不显著；第（3）列、第（4）列中，东部地区制造企业外包性服务化模式在1%的水平上与市场业绩显著正相关，但在其他地区，外包性服务化模式对市场业绩的影响却不显著。以上基于地区分组检验结果表明，较其他地区的制造企业，东部地区制造企业实施外包性服务化模式对业绩的促进作用更显著，H6-4得证。

表6-7　基于地区分组的从外包性服务化模式对公司业绩影响的估计结果

Variables	ROA 东部地区	ROA 其他地区	Tobin's Q 东部地区	Tobin's Q 其他地区
OSM	0.011 *** (5.13)	-0.004 (-1.45)	0.262 *** (5.99)	0.090 (1.62)
Lev	-0.114 *** (-29.22)	-0.084 *** (-15.61)	0.257 *** (3.18)	0.244 ** (2.15)
Size	0.005 *** (7.45)	0.005 *** (5.60)	-0.338 *** (-22.58)	-0.576 *** (-27.74)
Age	-0.011 *** (-3.45)	-0.024 *** (-2.75)	0.442 *** (6.72)	0.302 * (1.74)
Boardsize	-0.010 ** (-2.20)	0.006 (0.83)	-0.165 * (-1.74)	0.052 (0.36)
Indirecter	-0.070 *** (-4.35)	0.035 (1.28)	-0.054 (-0.16)	2.139 *** (4.14)
Duality	0.002 (1.14)	0.012 *** (4.16)	-0.260 *** (-7.71)	0.069 (0.45)

续表

Variables	ROA		Tobin's Q	
	东部地区	其他地区	东部地区	其他地区
Shareholder	0.044*** (9.79)	0.045*** (5.99)	-0.889*** (-9.47)	-1.195*** (-7.50)
Opinion	-0.012 (-1.21)	0.016* (1.66)	-0.425** (-2.09)	-1.096*** (-5.27)
Constant	0.051** (2.42)	-0.045 (-1.26)	9.333*** (21.27)	14.581*** (19.37)
Ind	Yes	Yes	Yes	Yes
Year	Yes	Yes	Yes	Yes
Observations	4 566	2 480	4 566	2 480
Adj R²	0.231	0.292	0.386	0.373

注：(1) ***、**、* 分别表示在1%、5%、10%的置信区间显著；(2) 括号内为双尾 T 值；(3) 上述回归均在公司层面作 Cluster 处理。

6.4.4 稳健性测试

1. 替换主要变量

上文采用资产收益率（ROA）和托宾 Q 值（Tobin's Q）作为因变量，以哑变量方式对实施外包性服务化模式进行度量。为减少单一指标可能带来的结论偏误，参照陆正飞和童俊莉（2001）、陈信元和黄俊（2016）等的研究，选用净资产收益率（ROE）、个股年度收益率（Ret）度量财务业绩和市场业绩，采用外包性服务化业务支出成本占比（Serption）作为外包性服务化模式的替代指标，重新回归测试。从表6-8的估计结果看，外包性服务业务支出的成本占比（Serption）与净资产收益率（ROE）、个股年度收益率（Ret）显著正相关，表明外包性服务化模式显著促进了制造企业业绩提升，这与前文基准检验结论一致。

表6-8　　外包性服务化模式对公司业绩影响的估计结果

Variables	(1) ROE	(2) Ret
Serption	0.073*** (2.60)	0.535*** (6.20)
Lev	-0.003*** (-32.12)	0.005*** (15.30)
Size	0.000*** (12.96)	-0.000*** (-3.52)
Age	-0.000*** (-4.03)	0.002*** (5.26)
Boardsize	0.014 (1.60)	0.001*** (3.97)
Indirecter	0.000 (-0.69)	0.001 (0.55)
Duality	0.000*** (3.88)	-0.001*** (-7.92)
Shareholder	0.001*** (8.87)	-0.002*** (-4.40)
Opinion	0.001*** (5.88)	-0.001 (-0.92)
Constant	-0.004*** (-6.97)	-0.003* (-1.87)
Ind	Yes	Yes
Year	Yes	Yes
Observations	7 046	7 046
Adj R²	0.216	0.482

注：(1) ***、**、*分别表示在1%、5%、10%的置信区间显著；(2) 括号内为双尾T值；(3) 上述回归均在公司层面作Cluster处理。

2. 选择性偏差

是否实施外包性服务化模式可能与公司业绩之间存在选择性偏差，基于

Heckman 两阶段模型进行稳健性测试,以期解决选择性偏差问题。与上文一致,参照方等(2008)、陈丽娴(2017)等的文献,将行业资产负债率(Isize)、行业总资产报酬率(IROA)、公司营业总收入(Pe)视为制造企业是否实施外包性服务化模式的主要因素。如表 6-9 所示,通过 Heckman 两阶段模型测试,同时控制行业和年份,外包性服务化模式在 5% 和 10% 的水平上对财务业绩及市场业绩产生积极影响,相关系数分别为 0.012 和 0.057,检验结果与上文基本一致。

表 6-9　　　　　　　Heckman 第二阶段回归结果

Variables	(1) ROA	(2) Tobin's Q
OSM	0.012 ** (2.21)	0.057 * (1.71)
Lev	-0.194 *** (-53.87)	-0.441 *** (-20.10)
Size	0.091 *** (46.23)	0.126 *** (14.21)
Age	-0.002 *** (-3.94)	-0.062 *** (-3.06)
Boardsize	0.003 (1.23)	0.107 * (1.94)
Indirecter	0.094 (0.80)	-0.097 * (-1.76)
Duality	-0.003 (-0.40)	0.113 * (1.86)
Shareholder	0.007 *** (2.93)	-0.125 (-1.17)
Opinion	-0.006 (-0.72)	-0.146 (-1.36)
IMR	0.031 *** (3.92)	0.633 *** (15.42)

续表

Variables	(1) ROA	(2) Tobin's Q
Constant	-0.032*** (-3.75)	-0.342*** (-12.81)
Ind	Yes	Yes
Year	Yes	Yes
Observations	7 046	7 046
Adj R²	0.207	0.183

注：(1) ***、**、*分别表示在1%、5%、10%的置信区间显著；(2) 括号内为双尾T值；(3) 上述回归均在公司层面作Cluster处理。

3. 跨期内生性

当拥有较好业绩的制造企业实施外包性服务化模式时，可能对下期业绩产生影响，从而带来跨期内生性问题。为尽可能弱化跨期内生性对回归结果的影响，采用系统GMM模型进行稳健性测试。表6-10报告了系统GMM的回归结果，可以发现，制造企业财务业绩滞后项（L1.ROA）与市场业绩滞后项（L1.Tobin's Q）在1%的水平上与因变量显著正相关，说明系统GMM模式具有一定适用性。进一步控制滞后一期财务业绩以及市场业绩的基础上，外包性服务化模式对财务业绩和市场业绩的影响仍显著为正，进一步证实了前文结论。

表6-10　　　　　　　　　系统GMM回归结果

Variables	(1) ROA	(2) Tobin's Q
OSM	0.012** (2.27)	0.157*** (3.22)
L1.(ROA/Tobin's Q)	0.565*** (15.58)	0.498*** (9.57)

续表

Variables	(1) ROA	(2) Tobin's Q
L2. (ROA/Tobin's Q)	0.083 * (1.87)	0.102 * (1.92)
Lev	-0.079 *** (-6.88)	-0.425 ** (-2.22)
Size	0.011 *** (4.43)	-0.082 (-1.40)
Age	0.002 (0.69)	0.081 *** (5.57)
Boardsize	-0.001 (-0.01)	0.017 (0.13)
Indirecter	0.052 ** (2.01)	0.154 (1.44)
Duality	-0.012 (-1.43)	-0.054 (-0.16)
Shareholder	0.008 (1.18)	-0.034 (-0.52)
Opinion	0.030 ** (2.32)	-0.290 (-1.36)
Constant	-0.220 *** (-3.86)	1.589 * (1.74)
Observations	6 331	6 331
Wald chi^2	575.35 ***	350.10 ***

注：(1) ***、**、* 分别表示在1%、5%、10%的置信区间显著；(2) 括号内为双尾T值；(3) 上述回归均在公司层面作 Cluster 处理。

6.5 进一步讨论

6.5.1 作用机制分析

实施外包性服务化模式的动机之一在于优化资源配置（Menon and Ackerman，2010）。制造企业通过专注核心业务和剥离资产专用性低的服务业务,可以改善资本要素结构,实现降低交易成本、提升经济效益。就外包性服务化模式对业绩的作用机制来看,部分服务业务专用程度较低,市场中同质性业务较多,盲目开展服务活动难以为制造企业带来显著的经济效益,而采用在市场中购买的方式提供上述服务,不仅符合资产专用性中保留核心资产及业务的要求,还有助于改善资本要素结构(黄群慧和霍景东,2015),保证资本效率最优化,进而推动企业提质增效。因此,外包性服务化模式中,其可能通过优化资本要素配置水平来影响财务业绩及市场业绩。参考周楷唐等(2017)机制检验方法,进一步检验上述机制是否成立,回归结果列示于表6-11。

表6-11报告了资本要素结构维度下外包性服务化模式对公司业绩的作用机制。其中,借鉴卡斯塔利等(Kastalli et al.,2013)的文献,以固定资产占员工总数的比重作为资本要素结构的替代指标。如表所示,第(1)列报告了外包性服务化模式对资本要素结构(Capstructure)影响的估计结果,外包性服务化模式(OSM)对资本要素结构在1%的水平上产生积极影响,即制造企业实施外包性服务化模式将有利于核心资本配置水平提升。进一步地,第(2)~(5)列展示了基于中位数划分资本要素结构进行的回归结果。可以发现,在资本要素较高组,外包性服务化模式对制造企业财务业绩和市场业绩具有积极促进作用,显著性水平分别为1%和5%,而在较低组,上述促进作用并不显著。以上机制检验结果表明,外包性服务化模式通过提升核心资本水平和减少非核心业务来实现财务业绩及市场业绩的提升。

表6-11 外包性服务化模式对公司业绩的作用机制检验结果

Variables	(1) Capstructure	(2) ROA 低组	(3) ROA 高组	(4) Tobin's Q 低组	(5) Tobin's Q 高组
OSM	0.004*** (3.34)	0.001 (1.04)	0.003*** (2.97)	0.005 (0.64)	0.002** (2.46)

续表

Variables	(1) Capstructure	(2) ROA 低组	(3) ROA 高组	(4) Tobin's Q 低组	(5) Tobin's Q 高组
Lev	-0.127*** (-44.74)	-0.036*** (-15.89)	-0.076*** (-17.95)	-0.285*** (-15.86)	-1.333*** (-7.32)
Size	0.012*** (22.54)	0.005*** (12.62)	0.006*** (8.64)	-0.084*** (-24.94)	-0.225*** (-6.56)
Age	-0.001*** (-8.80)	-0.000*** (-7.12)	0.000*** (3.28)	0.006*** (10.18)	0.014** (1.97)
Boardsize	-0.000 (-0.16)	-0.001 (-0.21)	0.005 (1.10)	0.040** (2.28)	0.153 (0.73)
Indirecter	-0.035*** (-3.42)	-0.017** (-2.28)	0.016 (1.11)	0.046 (0.73)	0.208 (0.31)
Duality	0.003*** (2.93)	0.001 (0.91)	-0.001 (-0.43)	0.004 (0.55)	0.047 (0.58)
Shareholder	0.011*** (3.88)	-0.001 (-0.36)	0.019*** (5.32)	-0.026 (-1.58)	0.633*** (3.29)
Opinion	0.036*** (5.64)	0.037*** (9.10)	0.011 (0.82)	-0.066* (-1.71)	-0.301 (-0.62)
Constant	-0.163*** (-12.17)	-0.102*** (-10.70)	-0.047** (-2.19)	2.672*** (31.94)	7.620*** (8.26)
Ind	Yes	Yes	Yes	Yes	Yes
Year	Yes	Yes	Yes	Yes	Yes
Observations	7 046	3 530	3 516	3 530	3 516
Adj R^2	0.221	0.140	0.131	0.191	0.205

注：(1) ***、**、*分别表示在1%、5%、10%的置信区间显著；(2) 括号内为双尾T值；(3) 上述回归均在公司层面作Cluster处理。

6.5.2 时滞效应分析

表6-12进一步测试了外包性服务化模式对制造企业业绩影响的时滞效应，测试结果显示：伴随着制造企业外包性服务化模式的实施，制造企业财

务业绩与市场业绩均表现出递减趋势。具体来讲，对于财务业绩，在 T+1 期，外包性服务化模式仅在 10% 的水平上对资产收益率产生影响，而至 T+2 期，外包性服务化模式对资产收益率的影响却不显著，这初步表明，外包性服务化模式对财务业绩的积极影响随时间递减；对于市场业绩，在 T+1 期，外包性服务化在 5% 的水平上对托宾 Q 值产生正向影响，但在 T+2 期却不显著，这表明制造企业实施外包性服务化模式对市场业绩的影响存在递减效应。综合以上检验结果，制造企业实施外包性服务化模式时，对财务业绩和市场业绩存在明显的递减效应。

表 6-12　外包性服务化模式对公司业绩影响的时滞效应估计结果

Variables	(1) ROA_{t+1}	(2) ROA_{t+2}	(3) Tobin's Q_{t+1}	(4) Tobin's Q_{t+2}
OSM_{t-1}	0.003 * (1.65)	0.001 (0.55)	0.075 ** (2.08)	0.051 (1.42)
Lev_{t-1}	-0.093 *** (-28.17)	-0.076 *** (-23.48)	0.431 *** (7.40)	0.615 *** (7.95)
$Size_{t-1}$	0.003 *** (5.02)	0.002 *** (3.17)	-0.410 *** (-38.07)	-0.410 *** (-34.92)
Age_{t-1}	-0.016 *** (-4.78)	-0.017 *** (-4.96)	0.381 *** (6.85)	0.363 *** (6.11)
$Boardsize_{t-1}$	-0.007 * (-1.70)	-0.013 ** (-2.47)	0.048 (0.55)	0.080 (0.85)
$Indirecter_{t-1}$	-0.042 *** (-2.95)	-0.052 *** (-3.44)	1.021 *** (3.32)	0.938 *** (2.84)
$Duality_{t-1}$	0.008 *** (5.09)	0.012 *** (6.85)	-0.216 *** (-6.50)	-0.178 *** (-4.95)
$Shareholder_{t-1}$	0.047 *** (11.30)	0.043 *** (9.49)	-1.010 *** (-11.23)	-0.861 *** (-8.82)

续表

Variables	(1) ROA$_{t+1}$	(2) ROA$_{t+2}$	(3) Tobin's Q$_{t+1}$	(4) Tobin's Q$_{t+2}$
Opinion$_{t-1}$	0.025 *** (3.59)	0.013 (1.58)	-1.061 *** (-7.66)	-1.072 *** (-8.05)
Constant	0.044 ** (2.41)	0.092 *** (4.67)	12.862 *** (32.37)	12.850 *** (30.07)
Ind	Yes	Yes	Yes	Yes
Year	Yes	Yes	Yes	Yes
Observations	6 331	5 598	6 331	5 598
Adj R^2	0.143	0.116	0.266	0.272

注：(1) ***、**、* 分别表示在1%、5%、10%的置信区间显著；(2) 括号内为双尾T值；(3) 上述回归均在公司层面作Cluster处理。

6.5.3 经济周期分析

经济周期作为典型的经济环境因素，对服务市场及微观经济组织均能够产生显著影响。当处于扩张的经济周期时，旺盛的市场需求将有利于制造企业专注主业，通过非核心业务外包逐步向价值链高端迈进。而在紧缩的经济周期，实施外包性服务化模式将面临更大的市场风险。借鉴关于经济周期的研究成果（孙早和宋炜，2013；陈漫和张新国，2016；朱奕蒙和徐现祥，2017），将2009年、2012年、2013年及2017年划分为经济紧缩期组，其他年份归为经济扩张期组，进一步考察经济周期对外包性服务化模式与业绩关系的影响。表6-13报告了分组回归结果，可以发现，在经济扩张期，外包性服务化模式在1%的水平上对财务业绩和市场业绩产生积极影响，相关系数为0.012、0.360。而在经济紧缩期，外包性服务化模式对业绩的影响却不显著。以上表明，在经济扩张期，制造企业外包性服务化模式对业绩的促进作用更显著。

表 6-13　经济周期对外包性服务化模式业绩影响的估计结果

Variables	ROA 经济扩张期	ROA 经济紧缩期	Tobin's Q 经济扩张期	Tobin's Q 经济紧缩期
OSM	0.012*** (5.60)	-0.003 (-1.35)	0.360*** (7.63)	0.066 (1.36)
Lev	-0.109*** (-25.97)	-0.103*** (-20.99)	0.537*** (5.88)	0.075 (0.81)
Size	0.005*** (6.86)	0.005*** (6.02)	-0.537*** (-31.91)	-0.334*** (-19.39)
Age	-0.015*** (-3.69)	-0.018*** (-3.56)	0.564*** (6.32)	0.295*** (3.20)
Boardsize	-0.001 (-0.29)	-0.009 (-1.49)	0.061 (0.54)	-0.193* (-1.69)
Indirecter	-0.034* (-1.86)	-0.036* (-1.71)	1.202*** (3.05)	0.411 (1.03)
Duality	0.007*** (3.42)	0.009*** (4.06)	-0.287*** (-6.85)	-0.130*** (-3.01)
Shareholder	0.050*** (9.68)	0.046*** (7.73)	-1.202*** (-10.64)	-0.855*** (-8.39)
Opinion	0.011 (1.26)	-0.006 (-0.54)	-0.691*** (-3.65)	-1.152*** (-5.38)
Constant	0.001 (0.04)	0.033 (1.25)	12.831*** (25.44)	10.274*** (19.70)
Ind	Yes	Yes	Yes	Yes
Year	Yes	Yes	Yes	Yes
Observations	3 899	3 147	3 899	3 147
Adj R^2	0.225	0.210	0.251	0.235

注：(1) ***、**、* 分别表示在1%、5%、10%的置信区间显著；(2) 括号内为双尾T值；(3) 上述回归均在公司层面作 Cluster 处理。

6.5.4 服务化状态分析

任何企业战略的实施都是一个长期化过程。对于制造企业实施外包性服务化模式，其过程可以划分为"一直实施"和"间断实施"两种。理论上，持续推进服务化活动有助于企业充分发挥服务化转型优势的作用，而非连续的服务化活动很可能因中断而无法达到预期效果。为进一步考察不同服务化状态对外包性服务化模式经济后果的影响，设置"是否具有连续服务化行为"的哑变量（Continuous），对已实施知识性服务化模式的子样本进行测试。表6-14展示了不同服务化状态对制造企业外包性服务化模式业绩影响的估计结果。在第（1）列与第（2）列中，连续服务化变量Continuous在1%的水平上与财务业绩ROA及市场业绩Tobin's Q显著正相关，相关系数分别为0.017和0.567，这表明连续实施外包性服务化模式更能促进财务与市场业绩的提升。

表6-14 服务化状态对外包性服务化模式业绩影响的估计结果

Variables	(1) ROA	(2) Tobin's Q
Continuous	0.017*** (6.32)	0.567*** (2.74)
Lev	-0.106*** (-18.54)	-0.381*** (-7.86)
Size	0.012*** (8.66)	-0.304*** (-12.36)
Age	-0.000* (-1.76)	0.280*** (8.58)
Boardsize	0.005 (0.63)	0.241* (1.85)
Indirecter	0.012 (1.15)	0.301* (1.81)

续表

Variables	(1) ROA	(2) Tobin's Q
Duality	0.002 (0.52)	-0.139* (-1.83)
Shareholder	0.004 (1.47)	0.192 (1.54)
Opinion	0.027 (1.04)	-0.976** (-2.12)
Constant	-0.166*** (-4.24)	-0.567*** (-2.74)
Ind	Yes	Yes
Year	Yes	Yes
Observations	1 975	1 975
Adj R^2	0.239	0.307

注：(1) ***、**、*分别表示在1%、5%、10%的置信区间显著；(2) 括号内为双尾T值；(3) 上述回归均在公司层面作Cluster处理。

6.6 本章小结

本章实证检验了2008~2017年制造企业实施外包性服务化模式的经济后果，按照微观企业经济后果的主要方向，分别考察了其对财务业绩和市场业绩的影响。考虑到所有制和所属区域差异，进一步考察上述因素对制造企业外包性服务化模式与业绩关系的影响。最后，从作用机制、时滞效应、经济周期与服务化状态进行深入探讨。本章的主要研究表明：(1) 外包性服务化模式显著提升了制造企业财务业绩与市场业绩。(2) 所有制与所属地区在外包性服务化模式经济后果中发挥着重要作用。其中，较非国有企业和非东部地区企业，国有企业和东部制造企业实施外包性服务化模式的业绩提升作用更明显。(3) 基于作用机制检验，外包性服务化模式通过优化资本要素配置水平来积极影响财务业绩与市场业绩。(4) 基于时滞效应检验，外包性服务化模式的业绩提升作用随时间推移而减弱，并在 T+2 期不显著。(5) 基于经济周期检验，扩张期性经济周期中，外包性服务化模式对财务业绩和市场业绩的提升作用更为明显。(6) 基于服务化状态检验，持续实施外包性服务化模式的企业业绩提升作用更明显。

  本章的研究贡献在于：既往文献多从自营角度对制造企业服务化模式进行划分，忽视了外包视角下的制造企业服务化模式（Gebauer and Fleish，2005；方鸣等，2014；陈漫和张新国，2016），基本未涉及微观层面探讨与检验该类服务化模式的经济后果。本章针对以往文献较少涉及的外包性服务化模式，考察了该模式对制造企业财务业绩和市场业绩的影响，其结果支持了"业绩促进观"，一定程度上从商业异质性角度解释了既往"服务化—业绩"研究结论不一致的问题，即制造企业服务化并非独立的变量，它是不同"服务化模式"的集合，且上述不同服务化模式带来的影响不尽一致。再者，本章深入考察了作用机理，并探究产权性质、所属地区、资本要素结构、时滞表现、经济周期、服务化状态等因素对外包性服务化模式经济后果的影响，较以往更全面地探讨与分析不同因素在服务化经济后果中的作用，能够作出一定的学术贡献。

第7章

研究结论与政策建议

7.1 研究结论

服务化作为一种新兴的战略形式,已成为传统制造企业摆脱微利困境、重构核心竞争力的重要路径。随着传统制造企业向生产型服务商转型的步伐加快,涌现出一批成功实施服务化战略的企业案例。然而,现有文献对制造企业服务化经济后果的研究结论并不一致,主要形成"业绩促进"和"服务悖论"两种观点。本书在知识基础理论、企业能力理论、竞争优势理论、顾客锁定理论、资产专用性理论、价值共创理论的基础上,基于商业异质性的新视角,对我国制造业上市公司不同服务化模式的经济后果进行研究。

本书选取2008~2017年沪深两市A股主板制造业上市公司作为研究对象,在参考前人自营视角对服务化模式划分的基础上,梳理出知识性、产品延伸性、外包性三种主要服务化模式,按照《经营范围变更公告》《财务报告》《国民经济行业分类标准》等综合判定方式,手工收集和整理了实施不同服务化模式的制造企业样本,并从以往文献中鲜有关注的商业异质性视角考察三种服务化模式的经济后果及可能存在的内在机制。经研究,本书主要得出如下结论:

第一,对我国制造业上市公司服务化模式现状进行描述性统计。统计结果显示,类别方面,多数制造企业更倾向选择与知识性服务化模式及外包性服务化模式相关的服务业务。时序方面,近年来我国制造业服务化步伐加快。行业上,不同制造企业更容易通过所属细分领域实施差异性服务化模式。产权方面,非国有制造企业服务化独占鳌头。区域方面,东部地区制造企业各类型服务化水平远高于中西部地区。主营业务占比方面,三种服务化模式相关服务业务占主营业务的比重均较高。过程方面,三种不同制造业服务化模式总体表现出持续推进服务化的状态。

第二,不同服务化模式产生差异性经济后果。通过考察梳理出的三种服务化模式经济后果,知识性服务化模式能够显著增强制造企业的财务业绩与市场业绩,更支持服务化"业绩促进观";产品延伸性服务化模式显著弱化

第 7 章 研究结论与政策建议

了制造企业的财务业绩与市场业绩，更支持"服务悖论观"；外包性服务化模式则显著增强了制造企业的财务业绩与市场业绩，更支持"业绩促进观"。上述研究结论有助于回答既往文献对制造企业服务化研究结论不一致的问题，即一概而论地探讨制造企业服务化并不合理，不同服务化模式对微观企业业绩产生了不同影响。

第三，服务化模式的经济后果受到终极控制人与市场化程度影响。相较国有企业，非国有制造企业的政策负担更小、经营目标更明确，其对知识性服务化模式和外包性服务化模式实施的业绩提升作用更明显，而国有企业对产品延伸性服务化模式实施的业绩弱化作用则更显著；相较东部地区，非东部地区商业环境不及前者，且市场化程度整体不高，东部地区制造企业实施知识性服务化模式及外包性服务化模式的业绩提升作用更明显，而其他地区企业实施产品延伸性服务化模式对业绩的弱化作用更显著。

第四，要素结构对服务化模式的经济后果存在机制效应。经理论分析与实证检验，知识性服务化模式通过改变知识要素结构来提升制造企业财务业绩与市场业绩；产品延伸性服务化模式通过影响劳动要素结构来弱化制造企业财务业绩与市场业绩；外包性服务化模式通过优化资本要素结构来强化制造企业财务业绩与市场业绩。

第五，时间因素对服务化模式经济后果产生不同影响。基于时滞效应检验，知识性服务化模式对业绩的影响较持久；产品延伸性服务化模式、外包性服务化模式对业绩的影响随时间推移而减弱。进一步讲，知识性服务化模式在 $T+1$ 期和 $T+2$ 期显著提升了财务业绩和市场业绩；产品延伸性服务化模式及外包性服务化模式在 $T+1$ 期对财务业绩和市场业绩产生显著影响，但在 $T+2$ 期却不显著。

第六，经济周期因素对服务化模式经济后果产生不同影响。基于经济周期检验，在经济扩张期，市场需求更为旺盛，其对实施知识性服务化模式与外包性服务化模式的企业财务业绩与市场业绩的提升作用更明显。而在经济紧缩期，货币供应减少、筹资成本上升、消费增速放缓，其对实施外包性服务化模式的企业财务业绩与市场业绩的弱化作用更显著。

第七，服务化状态因素对服务化模式经济后果产生不同影响。按照制造企业服务化状态不同，将之划分为"一直实施"和"间断实施"两类。基于不同服务化状态的检验，连续实施知识性服务化模式和外包性服务化模式对财务业绩和市场业绩的促进作用更显著；而持续的产品延伸性服务化行为会弱化制造企业财务业绩，但不会显著影响市场业绩。

7.2 政策建议

当前，我国制造业正经历着转型阵痛期，实施服务化转型是制造企业解决微利困境和高质量发展的重要途径，也是《中国制造2025》和《政府工作报告》明确提及的转型方向。服务化作为重大的战略变革，势必会带来深远影响，其中最为重要的影响之一便是企业业绩。然而，已有研究表明，虽然服务化总体上有利于制造企业向价值链中高端环节转移，但其并不总是有效的，特别是"业绩悖论观"的存在，使部分学界和业界人士对服务化战略有所顾虑。本书从商业模式视角，对制造企业服务化模式的经济后果展开研究，有利于揭示服务模式的差异化效果和内部运行"黑箱"，对于制造行业转型升级和走向价值链高端以及传统制造企业摆脱微利之困境并实现高质量发展，均具有较强的现实意义。本部分结合前文的实证检验结果和分析结论，基于行业和企业层面提出以下对策建议。

7.2.1 行业层面

1. 加快制造行业转型升级步伐，促进生产与服务融合发展

在现代经济体系中，仅依靠传统低端生产和加工，无法从根本上改善制造业在全球价值链中劣势的地位。长期以来，我国制造业处于国际价值链的中低端，亟须借助服务化契机，进行服务化融合和转型，为实施"中国制造2025"、建设"制造强国"，破解制造业价值链低端之困，奠定坚实基础。本书实证研究表明，虽然不同服务化模式带来不同的经济后果，但以知识性服务化模式和外包性服务化模式为代表的服务化模式有利于提升制造业整体

财务及市场效益。因此，从发展战略上，制造行业既要重视对传统生产环节的升级改造，也要重视服务业务发展，通过发展一体化解决方案，推动制造业生产业务和服务业务的融合发展。进言之，在制造业服务化转型过程中，不但要善于把握服务化转型大势，形成富有竞争力的业绩提升驱动力，而且要妥善利用生产与服务业态融合的机会，集中资源优势，加快转型步伐，提高转型力度，增强协同发展能力，实现财务与市场业绩的提升。

2. 营造良好的发展环境，以活跃的市场推动制造业服务"外部化"

随着国际产业分工日益精细化，将核心资源聚焦于产业链的两端，形成规模效应和竞争优势，成为发达国家制造业服务化的新趋势。而相较西方发达国家，我国制造业服务化发展水平不高，服务低端化现象较普遍，一个重要的原因在于缺乏成熟的外部服务市场。本书的研究表明，知识要素、劳动要素、资本要素对不同服务化模式经济后果具有重要影响，而上述要素自由高效流动依托于开放、活跃的市场。因而，应从外部营造良好的发展环境，加快服务业垄断行业改革，降低市场准入门槛，鼓励制造业发展相关服务业务，对制造业服务化衍生出的管理咨询、系统解决方案、设计与开发等新兴服务业态，应进一步加大支持力度。同时，逐步形成知识、劳动、资本要素充分流动的市场体系，减少地方政府对服务化转型可能的不当干预，通过建立区域制造服务网络，利用产业集聚效应，促进制造业和服务业的融合互动发展，以此推动制造业服务化水平以及业绩的提升。

3. 注重不同服务化模式的经济后果，开展服务化模式行业试点示范

制造业服务化，已经成为其提质增效的重要源泉，服务型制造成为制造业中最具潜力的业务方向。服务化作为制造业自我改造的有效途径之一，通过向中高端服务转型，有利于制造业走出亏损困境，缓解产能过剩压力，破解"僵尸企业"之困。本书研究表明，处于价值链中高端的知识性服务化模式和外包性服务化模式能够显著提升财务及市场业绩，而产品延伸性服务化模式却对业绩带来负面影响。因此，当前和今后一段时期，要找准我国发展服务型制造的着力点，注重知识性服务化、产品延伸性服务化、外包性服务化等不同模式的经济后果，在挖掘新利润来源基础上，加快"僵尸"制造企业等从微利生产环节向高价值服务环节拓展，选取一批在实施知识性服务化模式、外包性服务化模式时有代表性和突出特色的试点示范制造企业，及时总结，形成行业经验和模式，并适时进行服务化模式的大范围推广。

7.2.2 企业层面

1. 加大知识性服务化模式的应用推广，以知识要素强化业绩提升

科学选择服务化模式并有效地开发、培育、保护和应用，是制造企业服务化的重要内容。知识性服务化模式契合了知识经济时代要求，本质上充当了知识资本的传送器，通过不断优化知识要素结构来促进高价值服务产出。本书的实证研究结果表明，知识性服务化模式能够显著提升制造企业的财务业绩和市场业绩，且知识要素在其中发挥着积极作用。鉴于此，制造企业应提高对知识服务产出的意识和能力，加强对知识性服务化转型的引导，增强向知识性服务化模式的转型动力，不断使那些劳动密集的、附加价值较低的、加工贸易为主的服务化业务得到优化，并在推动知识性服务化进程中，利用提供富含知识的服务使生产更加专业化，破解微利约束与低附加值难题，以此促进制造企业整体业绩的显著提升。

2. 谨慎实施产品延伸性服务化模式，避免陷入"服务悖论"怪圈

尽管"产品+服务"的业务组合具有一定优势，但以产品为主导开展的诸如物流等服务业务具有低端劳动密集型产业特征，难以形成兼具高附加值和差异化特征的服务竞争力。本书的实证研究表明，在物流服务样本较多的产品延伸性服务化模式中，该模式会对制造企业财务业绩与市场业绩带来消极影响，不利于其在服务领域形成市场竞争优势。事实上，产品延伸性服务化模式中，物流、运输、配送等服务活动替代性较强，市场契约的标准化程度较高，易陷入"服务化悖论"陷阱。因此，制造企业应谨慎实施产品延伸性服务化模式，减少对物流等低端劳动密集型资源的依赖程度，在专注高端制造的同时，持续提升高价值服务的能力，不断提高知识要素和资本要素的投入比重，增加咨询、设计、开发、解决方案等服务业务的供给水平，推动服务化业绩的积极改善。此外，针对制造企业不同产权性质的转型后果差异，国有企业应更加重视产品延伸性服务化转型过程中产权制度、不当干预、效率损失等问题，争取早日摆脱"服务化悖论"之困。

3. 积极探索外包性服务化模式，提高核心业务资源配置效率

随着全球一体化程度加深，将冗余、低价值的服务业务外包，成为一些优秀制造企业开展服务化过程中的现实选择。本书实证研究表明，外包性服务化模式能够显著提升制造企业财务业绩与市场业绩，且其通过保持核心资本、专注核心业务来实现。换言之，较高的非核心服务业务占比不但对制造企业业绩产生负面影响，而且由于"锁定"效应的存在，在企业服务化战略决策的过程中也成为障碍性因素。据此，由于服务业务对固定资产的依赖度远低于制造业务，因而制造企业应立足自身资源配置状况，对占用过多资源且难以带来明显回报的服务业务采用在市场上购买的方式实现，不断从传统的"重资产"模式向"轻资产"模式转变。在探索外包性服务化模式的同时，制造企业还应注重核心资源的积累与配置，转变内部资源结构，降低非核心业务比例，并大力提高知识、技术和品牌等价值链高端业务占比，以此促进自身财务业绩和经营业绩的持续增长。

7.3 研究局限

由于我国制造企业向服务化方向探索的时间不长，加之服务化行为及其模式运行状况难以直接观测，本书虽然基于手工收集的数据对制造企业服务化模式进行梳理、识别，并从商业模式异质性视角深入考察其经济后果，但仍可能在以下方面存在局限。

第一，研究范围的局限性。由于以往对制造企业服务化的研究大多在经营范围框架下进行，以经营范围为标准的服务化判定可能过多反映了制造企业注册信息，对其是否在实践中开展了服务化行为无法考证，因而可能带来识别不精的问题。为尽可能解决以上问题，本书首先以经营范围初步筛选服务化样本，继而结合制造企业主营业务构成信息，确认其在实践中是否发生服务化业务的收入与支出，进一步参考《国民经济行业分类标准（GB/

T4754－2011)》，确定最终实施服务化的类型。在实际操作时，我国证券市场中制造业上市公司数量较多，庞大且复杂的服务化模式精确识别工作给我们带来一定挑战。为保证服务化筛选与识别的准确性，本书以 A 股主板制造业上市公司为研究样本，可能在研究范围方面有所不足。

第二，研究模型的局限性。本书建立的模型或存在不完备性，由于本书的研究对象可能存在一定的内生性问题，如制造企业服务化模式与财务业绩、市场业绩的关系可能受到自选择、跨期影响的干扰，即业绩好的制造企业更可能实施某种特定模式的服务化战略。本书虽然在稳健性检验中采用Heckman 两阶段估计、动态面板 GMM 估计等方法尽可能缓解可能存在的内生性问题，但由于从微观层面研究制造企业服务化模式经济后果的成果有限，部分控制变量的选取可能存在遗漏，需要未来对研究模型进一步完善。

7.4 研究展望

考虑到制造企业服务化研究的日益深入以及服务化转型步伐的加快，未来将从以下几个方面进一步加强服务化模式经济后果的研究。

首先，进一步探讨不同服务化模式下服务业务的差异化经济后果。本书通过手工整理，对制造业上市公司服务化模式进行识别和分类，但由于不同服务化模式下涉及的服务项目较多，如知识性服务化模式中又包含咨询服务、系统开发、解决方案服务、设计等具体业务，因而这些具体服务项目在同一模式下仍可能存在组内业绩差异，未来对其进行更细致的探讨，将有助于加深对制造企业服务化模式经济后果的理解。

其次，进一步完善制造企业服务化模式相关测度指标。本书选取是否实施服务化模式与服务化业务收入（支出）占比作为测度服务化及其水平的替代性指标，这与主流研究保持一致。但是，出于稳健性考虑，建议后续研究进一步探讨服务化模式的其他测度方式，以更全面的指标来综合反映制造企业服务化模式的实施与运行状况。

最后，从更广阔的视角探讨制造企业服务化模式的经济后果。业绩是上市公司、广大投资者以及利益相关者所关心的重要问题，也是财务行为和经营行为的重要体现。以往研究中，姜付秀等（2014）、赵宜一和吕长江（2015）等均指出，微观层面上的经济后果主要体现在对公司财务业绩与市场业绩的影响。本书遵循以上思路，探讨和检验了制造企业服务化模式对财务业绩及市场业绩的影响，但随着未来研究的深入，后续从交叉学科视角可能会形成关于制造企业服务化模式其他经济后果的研究结论。

附 录

附表 1　国内外学者对制造企业服务化的概念界定

学者	定义
Riddle (1986)	制造企业服务化是促进其他部门增长的战略,是刺激商品生产的推动力
Vanderwe and Rada (1988)	制造企业由仅提供传统工业品及简单配套服务,向"产品服务包"的转变战略
White and Stoughton (1999)	制造企业由最初单一产品供给逐步拓展至服务领域,且构成工业品服务增值及供给的媒介
White et al. (1999)	反映了制造企业由"产品供给者"向"服务供给者"转变的趋势
Reiskin et al. (1999)	制造企业由"产品导向"向"服务导向"的战略变化过程
Makower (2001)	制造企业服务化就是不再单一卖出产品本身,而是更具增值潜力的服务
Toffel (2002)	制造企业服务化是优秀制造企业实施的一种新商业模式,体现着制造业与服务业融合发展的趋势
Robinson et al. (2002)	制造业服务化就是提供完整的产品和服务的结合
Szalavetz (2003)	服务化是制造环节和服务融合在一起产生的一种新的产业状态,使其开始专注于提供服务
刘继国和李江帆 (2007)	制造业服务化是价值链重心由制造向服务的战略转移过程

续表

学者	定义
Ren and Gregory (2007)	服务化是制造企业商业模式的变化过程,其由单一产品模式逐步转向产品与服务相融合的模式
周艳春 (2010)	以客户为导向,由以往单一产品生产向价值链中高端延伸,逐步实现以服务为中心的业务结构
罗建强等 (2014)	从单纯的制造业务向制造与服务深度融合的生产性服务的转变,以实现制造业向价值链高端升级
刘斌等 (2016)	通过内部服务要素的投入和外部服务产品的供给,逐步实现制造业转型升级的战略过程
陈丽娴和沈鸿 (2017)	服务化现象是从制造向服务转型的战略
刘维刚和倪红福 (2018)	体现为向服务化转变的过程以及服务收入的显著增加

附表 2　国内外学者对服务化模式的划分

学者	划分类型	视角
Roy (2000)	①结果导向; ②分享功效导向; ③产品生命延伸导向; ④减少需求导向	服务自营视角
Hockerts (2002)	①产品导向; ②使用导向; ③结果导向	服务自营视角
Manzini and Vezzoli (2003)	①结果导向; ②使用导向	服务自营视角

159

续表

学者	划分类型	视角
Tukker（2004）	①产品导向；②使用导向；③结果导向	服务自营视角
Neely（2008）	①产品导向；②使用导向；③结果导向；④整合导向；⑤服务导向	服务自营视角
周艳春（2010）	①产品导向；②整合导向；③使用导向；④服务导向	服务自营视角
方润生等（2014）	①产品功能实现的服务化；②知识价值实现的服务化	服务自营视角
罗建强等（2014）	①知识创新服务；②产品扩展服务；③垂直整合服务	服务自营视角
童有好（2015）	①产品附加服务；②研发设计服务	服务自营视角
胡查平和汪涛（2016）	①产品基础性服务；②知识集成性服务	服务自营视角

续表

学者	划分类型	视角
刘建国（2016）	①服务外包模式（OSM）； ②集成服务模式（ISM）； ③合作服务模式（CSM）； ④服务提供商模式（PSM）	服务自营与外包视角
王丹和郭美娜（2016）	①产品延伸服务模式； ②市场化开发模式； ③知识性服务模式	服务自营视角

附表3　中文社会科学引文（CSSCI）对相关文献的检索（检索词：服务化等）

序号	题目	作者	期刊	刊数及页页码	学科属性	研究范式	数据
1	《论制造业的服务化经营趋势》	郭跃进	《中国工业经济》	1999（3）：64-67	经济学	理论研究	—
2	《差别化竞争战略与服务增强的内在机理》	鲁桂华，蔺雷，吴贵生	《中国工业经济》	2005（5）：21-27	经济学	理论研究	—
3	《中国转型期生产性服务业发展与制造业竞争力关系研究——基于面板数据的实证分析》	顾乃华，毕斗斗，任旺兵	《中国工业经济》	2006（9）：14-21	经济学	实证研究	面板数据（地区异质性）

161

续表

序号	题目	作者	期刊	刊数及页码	学科属性	研究范式	数据
4	《中国生产性服务业的水平、结构及影响——基于投入—产出法的国际比较研究》	程大中	《经济研究》	2008（1）：76－88	经济学	实证研究	截面数据（行业异质性）
5	《生产性服务业与制造业共生关系研究——对苏、浙、沪投入产出表的动态比较》	胡晓鹏和李庆科	《数量经济技术经济研究》	2009（2）：33－46	经济学	实证研究	截面数据（行业异质性）
6	《服务全球化的发展趋势和理论分析》	江小涓	《经济研究》	2008（2）：4－18	经济学	理论研究	—
7	《我国经济服务化的演变与判断——基于相关国际经验的分析》	李勇坚、夏杰长	《财贸经济》	2009（11）：96－103	经济学	理论研究	—
8	《制造企业服务化：服务提供真的能够改善企业绩效？》	胡查平和汪涛	《经济管理》	2013（10）：68－76	管理学	实证研究	15家重型装备制造商调查问卷数据（顾客需求异质性）
9	《制造业服务化对产业转型升级的影响》	周大鹏	《世界经济研究》	2013（9）：17－22	经济学	实证研究	截面数据（产业异质性）
10	《全球制造业服务化水平及其影响因素——基于国际投入产出数据的实证分析》	黄群慧和霍景东	《经济管理》	2014（1）：1－11	经济学	实证研究	面板数据（国家产业异质性）
11	《全球化与中国生产服务业发展——基于全球投入产出模型的研究》	袁志刚和饶璨	《管理世界》	2014（3）：10－30	经济学	实证研究	面板数据（行业异质性）

续表

序号	题目	作者	期刊	刊数及页码	学科属性	研究范式	数据
12	《去工业化、再工业化与经济服务化——产业联系的视角》	张月友、刘丹鹭、周经	《财贸经济》	2014（3）：32-40	经济学	实证研究	面板数据（产业异质性）
13	《投入服务化对工业行业全要素生产率的影响研究——基于在岸和离岸投入的细分视角》	方鸣和刘晨旭	《财贸研究》	2014（4）：64-70	经济学	实证研究	截面数据（行业异质性）
14	《产业融合与制造业服务化：基于一体化解决方案的多案例研究》	黄群慧和霍景东	《财贸经济》	2015（3）：136-147	经济学	案例研究	—
15	《生产性服务进口贸易促进制造业服务化效应研究》	杨玲	《数量经济技术经济研究》	2015（5）：37-53	经济学	实证研究	面板数据（贸易结构异质性）
16	《制造业服务化与价值链升级》	刘斌、魏倩、吕越等	《经济研究》	2016（3）：151-162	经济学	实证研究	面板数据（服务投入异质性）
17	《经济周期下的中国制造业服务转型：嵌入还是混入》	陈漫和张新国	《中国工业经济》	2016（8）：93-109	管理学	实证研究	面板数据（环境、规模异质性）
18	《制造业投入服务化与企业出口的二元边际——基于中国微观企业数据的经验研究》	刘斌和王乃嘉	《中国工业经济》	2016（9）：59-74	经济学	实证研究	截面数据（服务投入异质性）
19	《制造业投入服务化、行业异质性与劳动收入占比——基于中国微观企业数据的实证研究》	唐志芳和顾乃华	《产经评论》	2017（6）：54-69	经济学	实证研究	面板数据（行业异质性）

续表

序号	题目	作者	期刊	刊数及页码	学科属性	研究范式	数据
20	《制造企业服务化战略选择与绩效分析》	陈丽娴	《统计研究》	2017（9）：16–27	管理学	实证研究	面板数据（生命周期异质性）
21	《制造业服务化、全球价值链分工与劳动收入占比——基于WIOD数据的经验研究》	唐志芳和顾乃华	《产业经济研究》	2018（1）：15–27	经济学	实证研究	面板数据（服务投入异质性）
22	《服务业发展与"结构性减速"辨析——兼论建设高质量发展的现代化经济体系》	张月友、董启昌、倪敏	《经济学动态》	2018（2）：23–35	经济学	理论研究	—
23	《制造业投入服务化与企业技术进步：效应及作用机制》	刘维刚和倪红福	《财贸经济》	2018（8）：126–140	经济学	实证研究	面板数据（服务投入异质性）

附表 4　英文社会科学引文（SSCI）对相关文献的检索

（检索词：Servitization，Product–Service，Product Service System 等）

序号	题目	作者	期刊	刊数及页码	学科属性	研究范式	数据
1	Towards an operations strategy for product-centric servitization	Baines T et al.	International Journal of Operations & Production Management	2009（29）：494–519	管理学	理论研究	—

续表

序号	题目	作者	期刊	刊数及页码	学科属性	研究范式	数据
2	Servitization: Disentangling the impact of service business model innovation on manufacturing firm performance	Kastalli V and Van L	*Journal of Operations Management*	2013, 31 (3): 169-180	经济学	实证研究	面板数据（服务投入异质性）
3	The servitization of manufacturing A systematic literature review of interdependent trends	Lightfoot H, Baines T, Smart P	*International Journal of Operations & Production Management*	2013 (33): 1408-1434	管理学	理论研究	—
4	Servitization and operations management: a service dominant-logic	Smith L, Maull R, Ng I	*International Journal of Operations & Production Management*	2014 (34): 242-269	管理学	案例研究	—
5	Servitization and deservitization: overview, concepts, and definitions	Kowalkowski C et al.	*Industrial Marketing Management*	2017, 60 (1): 4-10	管理学	理论研究	—
6	Strategy map of servitization	Rabetino R, Kohtamaki M, Gebauer H	*International Journal of Production Economics*	2017, 192 (10): 144-156	管理学	案例研究	—
7	Explaining servitization failure and deservitization: A knowledge-based perspective	Valtakoski A	*Industrial Marketing Management*	2017, 60 (1): 138-150	管理学	理论研究	—
8	Servitization and networking: large-scale survey findings on procuct-related services	Bikfalvi A et al.	*Service Business*	2013, 7 (3): 61-82	管理学	实证研究	截面数据（服务模式异质性）

续表

序号	题目	作者	期刊	刊数及页码	学科属性	研究范式	数据
9	Should everybody be in services? The effect of servitization on manufacturing firm performance	Crozet M and Milet E	Journal of Economics & Management Strategy	2017, 26 (12): 820–841	经济学	实证研究	面板数据（产业、规模异质性）
10	Financial performance of servitized manufacturing firms: A configuration issue between servitization strategies and customer-oriented organizational design	Ambroise L et al.	Industrial Marketing Management	2018, 71 (3): 54–68	管理学	实证研究	截面数据（服务文化等异质性）
11	Manufacturing servitization and revitalizing industrial clusters: a case study of Taiwan's LIIEP	Liu M C	Journal of The Asia Pacific Economy	2015, 20 (7): 423–443	经济学	实证研究	截面数据（产业异质性）
12	Competing through service innovation: The role of bricolage and entrepreneurship in project-oriented firms	Salunke S et al.	Journal of Business Research	2013, 66 (8): 1085–1097	管理学	实证研究	面板数据（服务创新模式异质性）
13	Modeling extended manufacturing processes with service-oriented entities	Franco R, Bas A, Esteban F	Service Business	2009, 3 (3): 31–50	管理学	理论研究	—
14	Service quality and export performance of business-to-business service providers: the role of service employee and customer-oriented quality control initiatives	Sichtmann C, Von S M, Diamantopoulos A	Journal of International Marketing	2011 (19): 1–22	经济学	实证研究	面板数据（贸易服务质量异质性）

续表

序号	题目	作者	期刊	刊数及页码	学科属性	研究范式	数据
15	Supply chain risk management: manufacturing and service-oriented firms	Truong H Q, Hara Y	*Journal of Manufacturing Technology Management*	2018 (29): 218-239	管理学	实证研究	截面数据（供应链异质性）
16	Appropriability as the driver of internationalization of service-oriented firms	Hurmelinna L P, Ritala P	*Service Industries Journal*	2012 (32): 1039-1056	经济学	实证研究	截面数据（服务制度异质性）
17	Service implementation in manufacturing firms: The role of service-orientated human resource management practices and demand-side search	Zhao Y P et al.	*Management Decision*	2017 (55): 648-661	管理学	实证研究	面板数据（人力资源异质性）
18	Achieving customer satisfaction through product-service systems	Pan J N et al.	*European Journal of Operational Research*	2015, 247 (11): 179-190	管理学	实证研究	问卷数据（客户异质性）
19	The performance of trading firms in the services sectors: Comparable evidence from four EU countries	Damijan J et al.	*World Economy*	2015, 38 (11): 1809-1849	经济学	实证研究	面板数据（贸易服务异质性）
20	The interdependence between intermediate producer services' attributes and manufacturing location	Lanaspa L, Sanz F, Vera M	*Economic Modelling*	2016, 57 (11): 1-12	经济学	理论研究	—
21	Services liberalization and global value chain participation: New evidence for heterogeneous effects by income level and provisions	Lee W	*Review of International Economics*	2019, 27 (8): 888-915	经济学	实证研究	面板数据（服务投入异质性）

167

参考文献

[1] 白清. 生产性服务业促进制造业升级的机制分析——基于全球价值链视角 [J]. 财经问题研究, 2015 (4): 17-23.

[2] 柏昊, 徐捷. 服务增强在制造业企业产品创新中的作用研究 [J]. 华东经济管理, 2006 (10): 28-31.

[3] 蔡春, 李明, 和辉. 约束条件、IPO盈余管理方式与公司业绩——基于应计盈余管理与真实盈余管理的研究 [J]. 会计研究, 2013 (10): 35-42.

[4] 曾庆生, 陈信元. 国家控股、超额雇员与劳动力成本 [J]. 经济研究, 2006 (5): 74-86.

[5] 陈冬华, 范从来, 沈永建, 周亚虹. 职工激励、工资刚性与企业绩效——基于国有非上市公司的经验证据 [J]. 经济研究, 2010, 45 (7): 116-129.

[6] 陈菲. 服务外包动因机制分析及发展趋势预测——美国服务外包的验证 [J]. 中国工业经济, 2005 (6): 67-73.

[7] 陈洁雄. 制造业服务化与经营绩效的实证检验——基于中美上市公司的比较 [J]. 商业经济与管理, 2010 (4): 33-41.

[8] 陈磊, 孟勇刚, 王艺枞. 双重视角下的中国经济周期混频测度 [J]. 统计研究, 2018, 35 (9): 29-39.

[9] 陈丽娴, 沈鸿. 生产性服务贸易网络特征与制造业全球价值链升级 [J]. 财经问题研究, 2018 (4): 39-46.

[10] 陈丽娴, 沈鸿. 制造业服务化如何影响企业绩效和要素结构——

基于上市公司数据的 PSM – DID 实证分析 [J]. 经济学动态, 2017 (5): 64.

[11] 陈丽娴. 生产性服务业对制造业出口竞争力的促动效应研究——基于中间投入视角的分析 [J]. 上海经济研究, 2016 (2): 3 – 11.

[12] 陈漫, 张新国. 经济周期下的中国制造企业服务转型: 嵌入还是混入 [J]. 中国工业经济, 2016 (8): 93 – 109.

[13] 陈信元, 黄俊. 股权分置改革、股权层级与企业绩效 [J]. 会计研究, 2016 (1): 56 – 62.

[14] 陈正林, 王彧. 供应链集成影响上市公司财务绩效的实证研究 [J]. 会计研究, 2014 (2): 49 – 56.

[15] 陈正林. 客户集中、政府干预与公司风险 [J]. 会计研究, 2016 (11): 23 – 29.

[16] 程大中. 中国生产性服务业的水平、结构及影响——基于投入—产出法的国际比较研究 [J]. 经济研究, 2008 (1): 76 – 88.

[17] 程虹. 管理提升了企业劳动生产率吗? ——来自中国企业——劳动力匹配调查的经验证据 [J]. 管理世界, 2018, 34 (2): 80 – 92.

[18] 戴翔. 中国制造业出口内涵服务价值演进及因素决定 [J]. 经济研究, 2016, 51 (9): 44 – 57.

[19] 刁莉, 朱琦. 生产性服务进口贸易对中国制造业服务化的影响 [J]. 中国软科学, 2018 (8): 49 – 57.

[20] 董华, 江珍珍. 大数据驱动下制造企业服务化战略: 基于"服务悖论"克服的视角 [J]. 南方经济, 2018 (10): 132 – 144.

[21] 杜维, 马阿双. 制造企业服务化模式的特征与适用情境——基于多案例的探索性研究 [J]. 管理案例研究与评论, 2018, 11 (5): 469 – 478.

[22] 樊纲, 王小鲁, 马光荣. 中国市场化进程对经济增长的贡献 [J]. 经济研究, 2011, 46 (9): 4 – 16.

[23] 方红星, 张勇. 供应商/客户关系型交易、盈余管理与审计师决策 [J]. 会计研究, 2016 (1): 79 – 86.

[24] 方鸣, 刘晨旭. 投入服务化对工业行业全要素生产率的影响研

究——基于在岸和离岸服务投入的细分视角 [J]. 财贸研究, 2014 (4): 64 - 70.

[25] 方润生, 郭朋飞, 李婷. 基于陕鼓集团案例的制造企业服务化转型演进过程与特征分析 [J]. 管理学报, 2014, 11 (6): 889 - 897.

[26] 高文军, 冯颖桢. 基于知识基础观的服务化陷阱归因及规避策略 [J]. 企业经济, 2018 (1): 98 - 102.

[27] 葛顺奇, 罗伟. 跨国公司进入与中国制造业产业结构——基于全球价值链视角的研究 [J]. 经济研究, 2015, 50 (11): 34 - 48.

[28] 顾乃华, 毕斗斗, 任旺兵. 中国转型期生产性服务业发展与制造业竞争力关系研究——基于面板数据的实证分析 [J]. 中国工业经济, 2006 (9): 14 - 21.

[29] 顾乃华, 李江帆. 中国服务业技术效率区域差异的实证分析 [J]. 经济研究, 2006 (1): 46 - 56.

[30] 顾乃华. 我国服务业、工业增长效率对比及其政策内涵 [J]. 财贸经济, 2006 (7): 3 - 9.

[31] 郭跃进. 论制造业的服务化经营趋势 [J]. 中国工业经济, 1999 (3): 64 - 67.

[32] 国务院发展研究中心"发达国家再制造业化战略及对我国的影响"课题组, 李伟, 刘鹤, 卢中原, 隆国强. 发达国家再制造业化战略及对我国的影响 [J]. 管理世界, 2013 (2): 13 - 17.

[33] 郝阳, 龚六堂. 国有、民营混合参股与公司绩效改进 [J]. 经济研究, 2017, 52 (3): 122 - 135.

[34] 何帆, 朱鹤. 僵尸企业的处置策略 [J]. 中国金融, 2016, 13: 25 - 27.

[35] 何帆, 朱鹤. 僵尸企业的识别与应对 [J]. 中国金融, 2016 (5): 20 - 22.

[36] 胡查平, 汪涛, 王辉. 制造业企业服务化绩效——战略一致性和社会技术能力的调节效应研究 [J]. 科学学研究, 2014 (1): 84 - 91.

[37] 胡查平, 汪涛. 制造业服务化战略转型升级: 演进路径的理论模型——基于3家本土制造企业的案例研究 [J]. 科研管理, 2016, 37 (11): 119-126.

[38] 胡查平, 汪涛, 朱丽娅. 制造业服务化绩效的生成逻辑——基于企业能力理论视角 [J]. 科研管理, 2018, 39 (5): 129-137.

[39] 胡晓鹏, 李庆科. 生产性服务业与制造业共生关系研究——对苏、浙、沪投入产出表的动态比较 [J]. 数量经济技术经济研究, 2009 (2): 33-46.

[40] 胡有林, 韩庆兰. 顾客参与对产品服务系统创新绩效的影响研究——基于产品与服务组合的调节分析 [J]. 管理评论, 2018, 30 (12): 76-88.

[41] 黄群慧, 贺俊. 中国制造业的核心能力、功能定位与发展战略——兼评《中国制造2025》[J]. 中国工业经济, 2015 (6): 5-17.

[42] 黄群慧, 霍景东. 产业融合与制造业服务化: 基于一体化解决方案的多案例研究 [J]. 财贸经济, 2015 (2): 136-147.

[43] 黄群慧, 霍景东. 全球制造业服务化水平及其影响因素——基于国际投入产出数据的实证分析 [J]. 经济管理, 2014, 36 (1): 1-11.

[44] 黄群慧, 李晓华. 中国工业发展"十二五"评估及"十三五"战略 [J]. 中国工业经济, 2015 (9): 5-20.

[45] 黄群慧. 论中国工业的供给侧结构性改革 [J]. 中国工业经济, 2016 (9): 5-23.

[46] 霍景东, 黄群慧. 影响工业服务外包的因素分析——基于22个工业行业的面板数据分析 [J]. 中国工业经济, 2012 (12): 44-56.

[47] 纪志坚, 苏敬勤, 孙大鹏, 蔡俊杰. 企业资源外包程度及其影响因素研究 [J]. 科研管理, 2007 (1): 78-83.

[48] 贾楠, 李丹. 开展跨境审计: 一体化模式还是外包模式?——基于美国事务所跨境审计中国概念股的实证检验 [J]. 会计研究, 2016 (11): 76-83.

[49] 简兆权, 刘晓彦, 李雷. 制造业服务化组织设计研究述评与展望 [J]. 经济管理, 2017, 39 (8): 194-208.

[50] 江小涓. 服务全球化的发展趋势和理论分析 [J]. 经济研究, 2008 (2): 4-18.

[51] 江小涓. 服务外包: 合约形态变革及其理论蕴意——人力资本市场配置与劳务活动企业配置的统一 [J]. 经济研究, 2008 (7): 4-10.

[52] 江小涓. 中国开放三十年的回顾与展望 [J]. 中国社会科学, 2008 (6): 66-85.

[53] 江轩宇. 政府放权与国有企业创新——基于地方国企金字塔结构视角的研究 [J]. 管理世界, 2016 (9): 120-135.

[54] 姜付秀, 朱冰, 王运通. 国有企业的经理激励契约更不看重绩效吗? [J]. 管理世界, 2014 (9): 143-159.

[55] 姜国华, 岳衡. 大股东占用上市公司资金与上市公司股票回报率关系的研究 [J]. 管理世界, 2005 (9): 119-126.

[56] 蒋楠, 赵嵩正, 吴楠. 服务型制造企业服务提供、知识共创与服务创新绩效 [J]. 科研管理, 2016, 37 (6): 57-64.

[57] 金碚. "十二五"开局之年的中国工业 [J]. 中国工业经济, 2012 (7): 5-17.

[58] 金碚. 全球竞争新格局与中国产业发展趋势 [J]. 中国工业经济, 2012 (5): 5-17.

[59] 郎丽华, 赵家章. 中国经济二次转型与防范外部冲击——中国经济增长与周期 (2016) 高峰论坛综述 [J]. 经济研究, 2016 (10): 183-189.

[60] 李丹蒙, 夏立军. 股权性质、制度环境与上市公司 R&D 强度 [J]. 财经研究, 2008 (4): 93-104.

[61] 李丹蒙, 叶建芳, 卢思绮, 曾森. 管理层过度自信、产权性质与并购商誉 [J]. 会计研究, 2018 (10): 50-57.

[62] 李建标, 李帅琦, 王鹏程. 两职分离形式的公司治理效应及其滞

后性 [J]. 管理科学, 2016, 29 (1): 53-69.

[63] 李江帆. 新型工业化与第三产业的发展 [J]. 经济学动态, 2004 (1): 39-42.

[64] 李江帆. 中国第三产业的战略地位与发展方向 [J]. 财贸经济, 2004 (1): 65-73.

[65] 李靖华, 马丽亚, 黄秋波. 我国制造企业"服务化困境"的实证分析 [J]. 科学学与科学技术管理, 2015, 36 (6): 36-45.

[66] 李蕾. 制造业升级对服务业发展的影响与启示 [J]. 区域经济评论, 2018 (6): 54-62.

[67] 李猛. 人口城市化的财政代价及其形成机理——1960年以来的大国经验 [J]. 中国工业经济, 2016 (10): 40-56.

[68] 李伟, 刘鹤, 卢中原, 隆国强. 发达国家再制造业化战略及对我国的影响 [J]. 管理世界, 2013 (2): 13-17.

[69] 李晓, 刘正刚, 顾新建. 面向可持续发展的企业产品服务系统研究 [J]. 中国工业经济, 2011 (2): 110-119.

[70] 李晓华. 服务型制造与中国制造业转型升级 [J]. 当代经济管理, 2017, 39 (12): 30-38.

[71] 李晓华. 中国制造业的"成本上涨与利润增长并存"之谜 [J]. 数量经济技术经济研究, 2013 (12): 65-80.

[72] 李晓鹏, 颜端武, 陈祖香. 国内外知识服务研究现状、趋势与主要学术观点 [J]. 图书情报工作, 2010, 54 (6): 107-111.

[73] 李勇坚, 夏杰长. 我国经济服务化的演变与判断——基于相关国际经验的分析 [J]. 财贸经济, 2009 (11): 96-103.

[74] 廖冠民, 陈燕. 国有产权、公司特征与困境公司绩效 [J]. 会计研究, 2007 (3): 33-41.

[75] 廖冠民, 沈红波. 国有企业的政策性负担: 动因、后果及治理 [J]. 中国工业经济, 2014 (6): 96-108.

[76] 廖冠民, 张广婷. 盈余管理与国有公司高管晋升效率 [J]. 中国

工业经济, 2012 (4): 115-127.

[77] 林泉, 邓朝晖, 朱彩荣. 国有与民营企业使命陈述的对比研究 [J]. 管理世界, 2010 (9): 21.

[78] 林晓辉, 吴世农. 股权结构、多元化与公司绩效关系的研究 [J]. 证券市场导报, 2008 (1): 56-63.

[79] 林毅夫, 刘明兴, 章奇. 政策性负担与企业的预算软约束: 来自中国的实证研究 [J]. 管理世界, 2004 (8): 81-89.

[80] 蔺雷, 吴贵生. 服务创新: 研究现状、概念界定及特征描述 [J]. 科研管理, 2005 (2): 1-6.

[81] 蔺雷, 吴贵生. 服务延伸产品差异化: 服务增强机制探讨——基于 Hotelling 地点模型框架内的理论分析 [J]. 数量经济技术经济研究, 2005 (8): 138-148.

[82] 刘斌, 王乃嘉. 制造业投入服务化与企业出口的二元边际——基于中国微观企业数据的经验研究 [J]. 中国工业经济, 2016 (9): 59-74.

[83] 刘斌, 魏倩, 吕越, 祝坤福. 制造业服务化与价值链升级 [J]. 经济研究, 2016 (3): 151-162.

[84] 刘继国, 李江帆. 国外制造业服务化问题研究综述 [J]. 经济学家, 2007 (3): 119-126.

[85] 刘继红. 国有股权、盈余管理与审计意见 [J]. 审计研究, 2009 (2): 32-39.

[86] 刘建国. 商业模式创新、先动市场导向与制造业服务化转型研究 [J]. 科技进步与对策, 2016, 33 (15): 56-61.

[87] 刘青松, 肖星. 败也业绩, 成也业绩?——国企高管变更的实证研究 [J]. 管理世界, 2015 (3): 151-163.

[88] 刘维刚, 倪红福. 制造业投入服务化与企业技术进步: 效应及作用机制 [J]. 财贸经济, 2018, 39 (8): 126-140.

[89] 刘伟. 我国经济增长及失衡的新变化和新特征 [J]. 经济学动态, 2014 (3): 4-10.

[90] 刘新艳. 产品服务系统（PSS）的效率分析 [J]. 统计与决策, 2009 (17): 183-184.

[91] 刘新艳. 从经济学角度对产品服务系统（PSS）的效率分析 [J]. 生态经济, 2009 (6): 104-106.

[92] 刘志彪, 吴福象. 全球化经济中的生产非一体化——基于江苏投入产出表的实证研究 [J]. 中国工业经济, 2005 (7): 12-19.

[93] 刘志彪. 全球化背景下中国制造业升级的路径与品牌战略 [J]. 财经问题研究, 2005 (5): 25-31.

[94] 刘志彪. 中国沿海地区制造业发展：国际代工模式与创新 [J]. 南开经济研究, 2005 (5): 39-46.

[95] 卢福财, 胡平波. 全球价值网络下中国企业低端锁定的博弈分析 [J]. 中国工业经济, 2008 (10): 23-32.

[96] 鲁桂华, 蔺雷, 吴贵生. 差别化竞争战略与服务增强的内在机理 [J]. 中国工业经济, 2005 (5): 21-27.

[97] 罗建强, 彭永涛, 张银萍. 面向服务型制造的制造企业服务创新模式研究 [J]. 当代财经, 2014 (12): 67-76.

[98] 卢馨, 黄顺. 智力资本驱动企业绩效的有效性研究——基于制造业、信息技术业和房地产业的实证分析 [J]. 会计研究, 2009 (2): 68-94.

[99] 陆正飞, 何捷, 窦欢. 谁更过度负债：国有还是非国有企业？ [J]. 经济研究, 2015 (12): 54-67.

[100] 陆正飞, 童俊莉. 会计信息与经营者选择关系之实证检验：A股与AB股上市公司间的比较 [J]. 经济科学, 2001 (5): 100-108.

[101] 逯东, 万丽梅, 杨丹. 创业板公司上市后为何业绩变脸？ [J]. 经济研究, 2015, 50 (2): 132-144.

[102] 吕巍, 郑勇强. 外包战略：企业获得竞争优势的新途径 [J]. 经济理论与经济管理, 2001 (8): 56-59.

[103] 吕越, 李小萌, 吕云龙. 全球价值链中的制造业服务化与企业全要素生产率 [J]. 南开经济研究, 2017 (3): 88-110.

[104] 吕长江, 巩娜. 股权激励会计处理及其经济后果分析——以伊利股份为例 [J]. 会计研究, 2009 (5): 53-61.

[105] 潘红波, 夏新平, 余明桂. 政府干预、政治关联与地方国有企业并购 [J]. 管理世界, 2008 (4): 51-59.

[106] 彭璧玉. 现代企业的业务外包管理 [J]. 经济管理, 2001 (18): 41-45.

[107] 邱斌, 刘修岩, 赵伟. 出口学习抑或自选择: 基于中国制造业微观企业的倍差匹配检验 [J]. 世界经济, 2012 (4): 23-40.

[108] 权小锋, 吴世农. CEO 权力强度、信息披露质量与公司业绩的波动性——基于深交所上市公司的实证研究 [J]. 南开管理评论, 2010, 13 (4): 142-153.

[109] 饶品贵, 姜国华. 货币政策、信贷资源配置与企业业绩 [J]. 管理世界, 2013 (3): 12-22.

[110] 邵帅, 吕长江. 实际控制人直接持股可以提升公司价值吗?——来自中国民营上市公司的证据 [J]. 管理世界, 2015 (5): 134-146.

[111] 石学刚, 齐二石, 姜宏. 制造业服务化对提升制造型企业创新能力的作用研究 [J]. 天津大学学报 (社会科学版), 2012 (4): 295-299.

[112] 宋高歌, 黄培清, 帅萍. 基于产品服务化的循环经济发展模式研究 [J]. 中国工业经济, 2005 (5): 13-20.

[113] 孙早, 宋炜. 中国工业的创新模式与绩效——基于 2003—2011 年间行业面板数据的经验分析 [J]. 中国工业经济, 2013 (6): 44-56.

[114] 孙忠娟, 范合君, 侯俊. 制造企业创新战略组合对产品和流程创新的影响 [J]. 经济管理, 2018, 40 (12): 88-104.

[115] 王丹, 郭美娜. 上海制造业服务化的类型、特征及绩效的实证研究 [J]. 上海经济研究, 2016 (5): 94-104.

[116] 王辉, 侯文华. 双边道德风险下业务流程模块化度对业务流程外包激励契约的影响研究 [J]. 管理学报, 2013, 10 (2): 244-251.

[117] 王娟, 张鹏. 服务转型背景下制造业技术溢出突破"锁定效应"研究 [J]. 科学学研究, 2019, 37 (2): 276-290.

[118] 王克敏, 杨国超, 刘静, 李晓溪. IPO 资源争夺、政府补助与公司业绩研究 [J]. 管理世界, 2015 (9): 147-157.

[119] 王文涛, 付剑峰, 朱义. 企业创新、价值链扩张与制造业盈利能力——以中国医药制造企业为例 [J]. 中国工业经济, 2012 (4): 50-62.

[120] 王燕, 吴蒙. 我国是否已进入经济服务化时代——判断标准及目前所处阶段 [J]. 经济问题, 2016 (2): 62-68.

[121] 王永贵, 马双, 杨宏恩. 服务外包中创新能力的测量、提升与绩效影响研究——基于发包与承包双方知识转移视角的分析 [J]. 管理世界, 2015 (6): 85-98.

[122] 魏江, 胡胜蓉. 知识密集型服务业创新范式 [M]. 北京: 科学出版社, 2007.

[123] 吴超鹏, 唐菂. 知识产权保护执法力度、技术创新与企业绩效——来自中国上市公司的证据 [J]. 经济研究, 2016 (11): 125-139.

[124] 吴国鼎, 鲁桐. 机构投资者持股、企业类型与企业价值 [J]. 投资研究, 2018, 37 (7): 57-70.

[125] 吴延兵. 国有企业双重效率损失研究 [J]. 经济研究, 2012 (3): 18-19.

[126] 夏杰长, 刘奕, 顾乃华. 制造业的服务化和服务业的知识化 [J]. 国外社会科学, 2007 (4): 8-13.

[127] 夏立军, 陈信元. 市场化进程、国企改革策略与公司治理结构的内生决定 [J]. 经济研究, 2007 (7): 82-95.

[128] 夏立军, 方轶强. 政府控制、治理环境与公司价值——来自中国证券市场的经验证据 [J]. 经济研究, 2005 (5): 40-51.

[129] 肖挺, 刘华, 叶芃. 制造业企业服务创新的影响因素研究 [J]. 管理学报, 2014 (4): 591-598.

[130] 肖挺."服务化"能否为中国制造业带来绩效红利 [J]. 财贸经济, 2018, 39 (3): 138-153.

[131] 肖挺. 制造业国际贸易对服务化就业结构变迁影响的实证研究 [J]. 世界经济研究, 2016 (11): 101-111.

[132] 肖挺. 中国制造企业"绩效—服务化悖论"的再论证 [J]. 科学学与科学技术管理, 2015, 36 (10): 123-134.

[133] 谢德仁, 崔宸瑜, 汤晓燕. 业绩型股权激励下的业绩达标动机和真实盈余管理 [J]. 南开管理评论, 2018, 21 (1): 159-171.

[134] 谢康, 吴瑶, 肖静华, 廖雪华. 组织变革中的战略风险控制——基于企业互联网转型的多案例研究 [J]. 管理世界, 2016 (2): 133-148.

[135] 徐毅, 张二震. 外包与生产率: 基于工业行业数据的经验研究 [J]. 经济研究, 2008 (1): 103-113.

[136] 薛立敏. 生产性服务业与制造业互动关系之研究 [D]. 台湾中华经济研究院, 1993.

[137] 严力群, 佘运九. 科技竞争、知识生产与制造业的演化 [J]. 产业创新研究, 2018 (8): 29-31.

[138] 杨德明, 刘泳文."互联网+"为什么加出了业绩 [J]. 中国工业经济, 2018 (5): 80-98.

[139] 杨慧, 宋华明, 俞安平. 服务型制造模式的竞争优势分析与实证研究——基于江苏200家制造企业数据 [J]. 管理评论, 2014, 26 (3): 89-99.

[140] 杨玲. 生产性服务进口贸易促进制造业服务化效应研究 [J]. 数量经济技术经济研究, 2015 (5): 37-53.

[141] 杨仁发, 刘纯彬. 生产性服务业与制造业融合背景的产业升级 [J]. 改革, 2011 (1): 40-46.

[142] 杨英楠. 基于外包螺旋驱动的制造企业服务化转型演进过程研究 [J]. 软科学, 2015, 29 (8): 39-42.

[143] 杨志波. 制造型企业服务化绩效——商业模式和文化障碍的中

介调节作用研究 [J]. 科技进步与对策, 2018, 35 (2): 103-109.

[144] 姚树俊, 陈菊红, 张晓瑞. 基于服务能力的产品服务化供应链协调对策研究 [J]. 软科学, 2011, 25 (11): 56-60.

[145] 姚战琪. 工业和服务外包对中国工业生产率的影响 [J]. 经济研究, 2010, 45 (7): 91-102.

[146] 游家兴, 邹雨菲. 社会资本、多元化战略与公司业绩——基于企业家嵌入性网络的分析视角 [J]. 南开管理评论, 2014 (5): 91-101.

[147] 余明桂, 范蕊, 钟慧洁. 中国产业政策与企业技术创新 [J]. 中国工业经济, 2016 (12): 5-22.

[148] 袁淳, 荆新, 廖冠民. 国有公司的信贷优惠: 信贷干预还是隐性担保?——基于信用贷款的实证检验 [J]. 会计研究, 2010 (8): 49-54.

[149] 袁富华, 张平, 刘霞辉, 楠玉. 增长跨越: 经济结构服务化、知识过程和效率模式重塑 [J]. 经济研究, 2016 (10): 12-26.

[150] 袁志刚, 饶璨. 全球化与中国生产服务业发展——基于全球投入产出模型的研究 [J]. 管理世界, 2014 (3): 10-30.

[151] 张辉, 牛振邦. 特质乐观和状态乐观对一线服务员工服务绩效的影响——基于"角色压力—倦怠—工作结果"框架 [J]. 南开管理评论, 2013, 16 (1): 110-121.

[152] 张培, 李楠. 生产性服务外包中价值共创与商业模式创新 [J]. 管理案例研究与评论, 2018, 11 (3): 221-233.

[153] 张平, 刘霞辉, 袁富华, 陈昌兵, 陆明涛. 中国经济长期增长路径、效率与潜在增长水平 [J]. 经济研究, 2012 (11): 4-17.

[154] 赵凤, 王铁男, 张良. 多元化战略对企业绩效影响的实证研究 [J]. 中国软科学, 2012 (11): 111-122.

[155] 赵宜一, 吕长江. 亲缘还是利益?——家族企业亲缘关系对薪酬契约的影响 [J]. 会计研究, 2015 (8): 32-40.

[156] 中国经济增长前沿课题组, 张平, 刘霞辉, 袁富华, 陈昌兵, 陆明涛. 中国经济长期增长路径、效率与潜在增长水平 [J]. 经济研究,

2012, 47 (11): 4-17.

[157] 周丹, 魏江. 知识型服务获取对资源重构的双重影响研究——基于先前获取经历的调节作用 [J]. 科学学研究, 2014, 32 (4): 569-577.

[158] 周杰, 李小玉, 薛有志. 服务化能否为制造企业带来竞争优势——本土化企业与国际化企业的比较研究 [J]. 山西财经大学学报, 2015, 37 (10): 66-78.

[159] 周楷唐, 麻志明, 吴联生. 高管学术经历与公司债务融资成本 [J]. 经济研究, 2017, 52 (7): 169-183.

[160] 周黎安. 中国地方官员的晋升锦标赛模式研究 [J]. 经济研究, 2007 (7): 36-50.

[161] 周念利, 郝治军, 吕云龙. 制造业中间投入服务化水平与企业全要素生产率——基于中国微观数据的经验研究 [J]. 亚太经济, 2017 (1): 138-146.

[162] 周艳春. 中国制造企业实施服务导向战略的关键影响因素研究——基于制造企业上市公司的实证分析 [J]. 统计与信息论坛, 2010 (6): 91-95.

[163] 朱滔, 丁友刚. 产权性质、领导权结构变化与公司业绩 [J]. 会计研究, 2016 (5): 48-55.

[164] 朱奕蒙, 徐现祥. 创业的宏观环境对企业的长期影响: 中国工业企业的证据 [J]. 世界经济, 2017, 40 (12): 27-51.

[165] Abraham K, Taylor S. Firms' use of Outside Contractors: Theory and Evidence [J]. *Journal of Labor Economics*, 1996, 14 (3): 394-424.

[166] Adams R, Almeida H, Ferreira D. Powerful CEOs and Their Impact on Corporate Performance [J]. *Review of Financial Studies*, 2005 (18): 1403-1432.

[167] Alcacer J, Oxley J. Learning by Supplying and Management [J]. *Strategic Management Journal*, 2014, 35 (2): 204-223.

[168] Amit R, Zott C. Value Creation in E-business [J]. *Strategic Management Journal*, 2001, 22 (6/7): 493–520.

[169] Antioco M, Moenaert R K, Lindgreen A. Organizational Antecedents to and Consequences of Service Business Orientations in Manufacturing Companies [J]. *Journal of the Academy of Marketing Science*, 2008, 36 (3): 337–358.

[170] Arnold J M, Javorcik B, Lipscomb M, Mattoo A. Services Reform and Manufacturing [J]. *Economics Journal*, 2016, 126 (590): 1–39.

[171] Aslesen H W, Isaksen A. New Perspectives on Knowledge-intensive Services and Innovation [J]. *Geografiska Annaler (Series B)*, 2007, 89 (1): 45–58.

[172] Baines T S, Lightfoot H W, Benedettini O, et al. The Servitization of Manufacturing: A Review of Literature and Reflection on Future Challenges [J]. *Journal of Manufacturing Technology Management*, 2009, 20 (5): 547–567.

[173] Barney J B. Firm Resources and Sustained Competitive Advantage [J]. *Journal of Management*, 1991, 17 (1): 99–120.

[174] Benedettini O, Neely A, Morgan S. Why do Servitized Firms Fail? A Risk-based Explanation [J]. *International Journal of Operations & Production Management*, 2015, 35 (6): 946–979.

[175] Berry L, Shankar V, Parish J. Creating New Markets through Service Innovation [J]. *MIT Sloan Management Review*, 2006, 47 (2): 56–63.

[176] Besanko D, Dranove D, Shanley M. *Economics of Strategy* [M]. John Wiley & SonsInc, 1996.

[177] Beyers W B, Lindahl D P. Explaining the Demand for Producer Services: Is Cost Driven Externalization the Major Factor [J]. *Papers in Regional Science*, 1996, 75 (3): 89–102.

[178] Bocken N, Short S, Rana P. A literature and Practice Review to Develop Sustainable Business Model Archetypes [J]. *Journal of Cleaner Production*,

2014, 65 (4): 42 - 56.

[179] Bowen D E, Siehl C, Schneider B. A Framework for Analyzing Customer Service Orientations in Manufacturing [J]. *Academy of Management Review*, 1989, 14 (1): 75 - 95.

[180] Buckley P, Strange R. The Governance of the Global Factory: Location and Control of Word Economic Activity [J]. *The Academy of Management Perspectives*, 2015, 29 (2): 237 - 249.

[181] Burgstahler D, DichevI I. Earnings Management to Avoid Earnings Decreases and Losses [J]. *Journal of Accounting and Economics*, 1997, 24 (1): 99 - 126.

[182] Cappelli P. *Assessing the Decline of Internal Labor Markets* [M]. Sourcebook of labor markets. Springer, Boston, MA, 2001: 207 - 245.

[183] Castell A, Roland Clift, Chris France. Extended Producer Responsibility Policy in the European Union: A Hourse or a Came [J]. *Journal of Industrial Ecology*, 2004 (4): 57 - 66.

[184] Cheng S J. Board Size and the Variability of Corporate Performance [J]. *Journal of Financial Economics*, 2008 (87): 157 - 176.

[185] Chesbrough H. The era of open innovation [J]. *MIT Sloan Management Review*, 2003, 44 (3): 35 - 41.

[186] Chesbrough H. Rosenbloom R S. The Role of the Business Model in Capturing Value from Innovation: Evidence from Xerox Corporation's Technology Spin-off Companies [J]. *Industrial and Corporate Change*, 2002 (11): 529 - 555.

[187] Ciccone A, Hall R E. Productivity and the Density of Economic Activity [J]. *The American Economic Review*, 1996, 86 (1): 54 - 70.

[188] Cohen M A, Agrawal N, Agrawal V. Winning in the Aftermarket [J]. *Harvard Business Review*, 2006 (5): 129 - 138.

[189] Cook M B, Bhamra T A, Lemon M. The Transfer and Application of

Product Service Systems: From Academia to UK Manufacturing Firms [J]. *Journal of Cleaner Production*, 2006, 14 (17): 1455 - 1465.

[190] Cooper T, Evans S. Products to Services [J]. *The Centre for Sustainable Consumption*, Sheffield Hallam University, Sheffield, 2000.

[191] Correa L H, Ellram L M, Jose S A. An Operations Management View of the Services and Goods Offering Mix [J]. *International Journal of Operations & Production Management*, 2007, 27 (5): 444 - 463.

[192] Cova B, Dontenwill E, Lyon E M. A Network Approach to the Broadening of the Offering: Beyond Added Service [EB/OL]. https://www.imp-group.org/uploads/papers/45.pdf, 2000.

[193] Cox A. The Art of the Possible: Relationship Management in Power Regimes and Supply Chains [J]. *Supply Chain Management*, 2004, 26 (11): 28 - 35.

[194] De B U. Success Factors in Developing New Business Services [J]. *European Journal of Marketing*, 1991, 25 (2): 33 - 59.

[195] Donaldson B. Customer Service—the Missing Dimension in Marketing Management [J]. *Journal of Marketing Management*, 1986, 2 (2): 133 - 144.

[196] Drucker P F. The Future of Manufacturing [J]. *Interview for Industry Week*, 1998 (9): 21.

[197] Drucker P F. The Theory of the Business [J]. *Harvard Business Review*, 1994, 72 (5): 95 - 104.

[198] Dubosson T M, Osterwalder A, Pigneur Y. E-business Model Design, Classification, and Measurements [J]. *Thunderbird International Business Review*, 2002, 44 (1): 5 - 23.

[199] Earl M J. The Risk of Outsourcing [J]. *Sloan Management Review*, 1996, 37 (3): 26 - 32.

[200] Ethie R W. National and International Returns to Scale in the Modern Theory of International Trade [J]. *The American Economic Review*, 1982, 72

(3): 389-405.

[201] Fama E F, Jensen M. Separation of Ownership and Control [J]. *Journal of Law and Economics*, 1983, 26 (2): 301-325.

[202] Fang E, Palmatier R W, Steenkamp J B. Effect of Service Transition Strategies on Firm Value [J]. *Journal of Marketing*, 2008, 72 (5): 1-14.

[203] Fishbein B K, L S McGarry, P S Dillon. *Leasing: A Step Toward Producer Responsibility* [M]. New York: INFORM, 2000.

[204] Fleming L. Science As A Map in Technological Search [J]. *Strategic Management Journal*, 2004, 25 (8-9): 909-928.

[205] Francois J, Reinert K. The Role of Services in the Structure of Production and Trade: Stylized Facts from A Cross-country Analysis [J]. *Asia-Pacific Economic Review*, 1996, 2 (1): 35-43.

[206] Francois J. Producer Services, Scale, and the Division of Labor [J]. *Oxford Economic Papers*, 1990, 42 (4): 715-729.

[207] Gebauer H, Fleish E, Friedli T. Overcoming the Service Paradox in Manufacturing Companies [J]. *European Management*, 2005, 23 (1): 14-26.

[208] Gerybadze A, Stephan M. Growth Strategies of Multinational Corporations: An Empirical Analysis of Corporate Growth in the 1983-1997 periods [J]. *Working Paper*, *NBER*, 2003.

[209] Giesen E, Berman S J, Bell R. Three Ways to Successfully Innovate Your Business Model [J]. *Strategy and Leadership*, 2007, 35 (6): 27-33.

[210] Girma S. Outsourcing, Foreign Ownership and Productivity: Evidence from UK Establishment Level Data [J]. *Review of International Economics*, 2004 (12): 143-156.

[211] Goedkoop M, Vanhalen C, Teriele H, Rommens P. *Product Service Systems, Ecological and Economic Basics* [M]. Preconsultants: The Netherlands, 1999.

[212] Gronroos C, Ojasalo K. Service productivity—Towards A Conceptualization of the Transformation of Inputs into Economic Results in Services [J]. *Journal of Business Research*, 2004, 57 (4): 414 – 423.

[213] Grossman G M, Rossi E H. *External Economies and International Trade Redux* [R]. NBER Working Paper, 2008.

[214] Grubel H, Walker M. *Service Industry Growth: Cause and Effects* [M]. Vancouver: Fraser Institute, 1989.

[215] Gschwandtner A. Profit Persistence in the "Very" Long Run: Evidence from Survivors and Exiters [J]. *Applied Economics*, 2005, 37 (7): 793 – 806.

[216] Guerrieri P, Meliciani V. Technology and International Competitiveness: The Interdependence between Manufacturing and Producer Services [J]. *Structural Change and Economic Dynamics*, 2005, 16 (4): 489 – 502.

[217] Guy S C, Martina J R. Knowledge Services Financial Strategies and Budgeting [J]. *Information Outlook*, 2002, 6 (6): 26 – 33.

[218] Hall B H, Jaffe A, Trajtenberg M. Market Value and Patent Citations [J]. *Rand Journal of Economics*, 2005 (36): 16 – 38.

[219] Ivanka V, Bart V L. Servitization: Disentangling the Impact of Service Business Model Innovation on Manufacturing Firm Performance [J]. *SSRN Electronic Journal*, 2014.

[220] Jacob F, Ulaga W. The Transition from Product to Service in Business Market: An Agenda for Academic Inquiry [J]. *Industrial Marketing Management*, 2008, 37 (3): 247 – 253.

[221] Johnson M W, Christensen C M, Kagermann H. Reinventing Your Business Model [J]. *Harvard Business Review*, 2008, 86 (12): 52 – 60.

[222] Joseph F, Carl S. Optimal Contracts with Lock-In [J]. *The American Economic Review*, 1989, 79 (1): 51.

[223] Kamuriwo D S, Charles B F, Jing Z. Knowledge Development Ap-

proaches and Breakthrough Innovations in Technology-Based New Firms: Knowledge Development Approaches [J]. *Journal of Product Innovation Management*, 2017, 34 (4): 492 –508.

[224] Karaomerlioglu D C. Does Microelectronics Reduce Economies of Scale? A Case Study in the Turkish Chemical Industry [J]. *Review of Industrial Organization*, 1999, 14 (3): 219 –238.

[225] Karim S, Mitchell W. Innovating through Acquisition and Internal Development: A Quarter-century of Boundary Evolution at Johnson [J]. *Long Range Planning*, 2004, 37 (1): 525 –547.

[226] Kastalli V Ivanka, Van L Bart, Neely Andy. Steering Manufacturing Firms Towards Service Business Model Innovation [J]. *California Management Review*, 2013, 56 (1): 100 –123.

[227] Kato T, Long C. Executive Turnover and Firm Performance in China [J]. *American Economic Review*, 2006, 96 (2): 363 –367.

[228] Kippenberger T. The theory of the business [J]. *The Antidote*, 1997, 2 (1): 9 –11.

[229] Kobli R, Grover V. Business value of IT: An Essay on Expanding Research Directions to Keep up with the Times [J]. *Journal of the Association for Information Systems*, 2008, 9 (1): 23 –39.

[230] Kohtamaki M, Jukka P, Vinit P, Joakim W. Non-linear Relationship between Industrial Service Offering and Sales Growth: The moderating role of network capabilities [J]. *Industrial Marketing Management*, 2013, 42 (8): 1374 –1385.

[231] Kowalkowski C, Gebauer H, Oliva R. Service Growth in Product Firms: Past, Present, and Future [J]. *Industrial Marketing Management*, 2017, 60: 82 –88.

[232] Lacity M, Hirschheim R, Willcocks L. Realizing Outsourcing Expectations Incredible Expectations, Credible Outcomes [J]. *Information Systems*

Management, 1994, 11 (4): 7-18.

[233] Lee J P. Knowledge, strategy, and the theory of the firm [J]. *Strategic Management Journal*, 1996, 17 (8): 93-107.

[234] Leontief W W. *Input-output Economics* [M]. UK: Oxford University Press, 1986.

[235] Leten B, Belderbos R, Van Looy. Technological diversification, and performance of firms [J]. *Journal of Product Innovation Management*, 2007, 24 (6): 567-579.

[236] Li J H, Lin L, Chen D P. An Empirical Study of Servitization Paradox in China [J]. *Journal of High Technology Management Research*, 2015 (26): 66-76.

[237] Liebeskind K R, Shim S W, Jeong B S. KISA in Innovation of the Software Sector in Korea [J]. *International Journal of Service Technology and Management*, 2006, 7 (2): 146-153.

[238] Lokshin B, Belderbos R, Carree M. The productivity effects of internal and external R&D: Evidence from a dynamic panel data model [J]. *Oxford Bulletin of Economics and Statistics*, 2008, 70 (3): 399-413.

[239] Lusch R F, Vargo S L, Brien O M. Competing through Service: Insights from Service-dominant Logic [J]. *Journal of Retailing*, 2007, 83 (1): 5-18.

[240] Madura J, Rose C. Are Product Specialization and International Diversification Strategies Compatible [J]. *Management International Review*, 1987, 27 (3): 38-44.

[241] Makower J. The Clean Revolution: Technologies from the Leading Edge [Z]. *Global Business Network Worldview Meeting*, 2001, 15 (6): 115-124.

[242] Manzini E, Vezzoli C. A Strategic Design Approach to Develop Sustainable Product Service Systems: Examples Taken from the Environmentally

Friendly Innovation Italian Prize [J]. *Journal of Cleaner Production*, 2003, 11 (8): 851 – 857.

[243] Markusen J R. Trade in producer services and in other specialized intermediate inputs [J]. *American Economic Review*, 2002, 79 (1): 85 – 95.

[244] Martinez V, Bastl M, Kingston J. Challenges in transforming manufacturing organisations into product-service providers [J]. *Journal of Manufacturing Technology Management*, 2010, 21 (4): 449 – 469.

[245] Mathe H, Shapiro R D. Managing the Service Mix: After Sale Service for Competitive Advantage [J]. *The International Journal of Logistics Management*, 1990, 1 (1): 44 – 50.

[246] Mathieu V. Product Services: from a Service Supporting the Product to a Service Supporting the Client [J]. *Journal of Business & Industrial Marketing*, 2001, 16 (1): 39 – 61.

[247] Matthyssens P, Vandenbempt K. Creating Competitive Advantage in Industrial Services [J]. *Journal of Business & Industrial Marketing*, 1998, 13 (4/5): 339 – 355.

[248] Meier H, Vlker O, Funke B. Industrial Product—Service Systems (IPS2) [J]. *International Journal of Advanced Manufacturing Technology*, 2011, 52 (9 – 12): 1175 – 1191.

[249] Menon M K, Ackerman K B. Selection Criteria for Providers of Third Party Logistics Services: An Exploratory Study [J]. *The International Journal of Business Logistics*, 2010, 19 (1): 121.

[250] Miles I. Knowledge in tensive business services: Prospects and policies [J]. *The Journal of Future Studies, Strategic Thinking and Policy*, 2005 (7): 39 – 63.

[251] Miller D, Breton M L. Deconstructing Socioemotional Wealth [J]. *Entrepreneurship Theory and Practice*, 2014 (38): 713 – 720.

[252] Mitchell D, Coles C. The Ultimate Competitive Advantage of Continu-

ing Business Model Innovation [J]. *Journal of Business Strategy*, 2003, 24 (5): 15 – 21.

[253] Mont O. Drivers and Barriers for Shifting Towards more Service-oriented Business: Analysis of the PSS Field and Contributions from Sweden [J]. *Journal of Sustainable Product Design*, 2002 (2): 89 – 103.

[254] Morris M, Minet S, Jeffrey A. The Entrepreneur's Business Model: Toward a Unified Perspective [J]. *Journal of Business Research*, 2003, 58 (1): 726 – 735.

[255] Muller E, Zenker A. Business Services As Actors of Knowledge Transformation: The Role of KIBS in Regional and National Innovation Systems [J]. *Research Policy*, 2001, 30 (9): 1501 – 1516.

[256] Neely A. Exploring the Financial Consequences of the Servitization of Manufacturing [J]. *Operations Management Research*, 2008, 1 (2): 103 – 118.

[257] Neely A. *The Servitization of Manufacturing: An Anlsysis of Global Trends* [R]. 14th European Operations Management Association Conference, 2007.

[258] Neely A, Benedettini O, Visnjic I. *The Servitization of Manufacturing: Further Evidence* [C]. Conference Paper: 18th European Operations Management Association Conference, 2011.

[259] Nicholas Beaumont, Christina Costa. Information Technology Outsourcing in Australia: A Literature Review [J]. *Information Management and Computer Security*, 2001 (5): 213 – 224.

[260] Oliva R, Kallenberg R. Managing the Transition from Products to Services [J]. *International Journal of Service Industry Management*, 2003, 14 (2): 160 – 172.

[261] Ostenwalder A, Pigneur Y, Tucci C L. Clarifying Business Models: Origins, Present, and Future of the Concept [J]. *Communication of the Associa-*

tion for Information Systems, 2005 (15): 1 - 25.

[262] Park N K, Mezias J M, Song J. A Resource-based View of Strategic Alliances and Firm Value in the Electronic Marketplace [J]. *Journal of Management*, 2004, 30 (1): 7 - 27.

[263] Phelps C. A longitudinal Study of the Influence of Alliance Network Structure and Composition on Firm Exploratory Innovation [J]. *Academy of Management Journal*, 2010, 53 (4): 890 - 913.

[264] Porter M, Claas V L. Green and Competitive [J]. *Harvard Business Review*, 1985 (5): 44 - 52.

[265] Prahalad C K, Hamel G. The core competence of the corporation [J]. *Harvard Business Review*, 1990, 7 (3): 71 - 79.

[266] Prahalad C K, Ramaswamy V. Co-creating Unique Value with Customers [J]. *Strategy & Leadership*, 2004, 32 (3): 4 - 9.

[267] Reiskin E D, White A L, Kauffman J, Votta T J. Servicizing the Chemical Supply Chain [J]. *Journal of Industrial Ecology*, 1999, 3 (2 - 3): 19 - 31.

[268] Ren G, Gregory M. *Servitization in Manufacturing Companies* [C]. 16th Frontiers in Service Conference, San Francisco, CA. 2007.

[269] Reve T. *The Firms as a Nexus of Treaties* [C]. Newbury Park, CA: Sage Publications, 1990.

[270] Riddle D, Walker M. *Service Led Growth: The Role of the Service Sector in World Development* [M]. New York: Praeger, 1986.

[271] Robinson T, C M Clarke - Hill, R Clarkson. Differentiation through Service: A Perspective from the Commodity Chemicals Sector [J]. *Service Industries Journal*, 2002, 22 (3): 149 - 166.

[272] Roger W S. Manufacturing, Service, and Their Integration: Some History and Theory [J]. *International Journal of Operations & Production Management*, 2009 (5): 431 - 443.

[273] Roy R. Sustainable Product-service Systems [J]. *Futures*, 2000 (4): 289-299.

[274] Rust R T, Lemon K N, Zeithaml V A. Return on Marketing: Using Customer Equity to Focus Marketing Strategy [J]. *Journal of Marketing*, 2004, 68 (1): 109-127.

[275] Sakao T, Lindahl M. A Method to Improve Integrated Product Service Offerings Based on Life Cycle Costing [J]. *CIRP Annals - Manufacturing Technology*, 2015, 64 (1): 33-36.

[276] Sanford J Grossman, O D Hart. The Costs and Benefits of Ownership: A Theory of Vertical and Lateral Integration [J]. *Journal of Political Economy*, 1986, 94 (4): 691-719.

[277] Sharma N, Patterson P G. The Impact of Communication Effectiveness and Service Quality on Relationship Commitment in Consumer, Professional Services [J]. *Journal of Services Marketing*, 1999, 13 (2): 151-170.

[278] Stoughton M, Votta T. Implementing Service-based Chemical Procurement: Lessons and Results [J]. *Journal of Cleaner Production*, 2003, 24 (11): 173-181.

[279] Szalavetz A. *Tertiarization of Manufacturing Industry in the New Economy Experiences in Hungarian Companies* [R]. Hungarian Academy of Sciences Working Papers, 2003 (134): 1-12.

[280] Teece D J. Economies of Scope and the Scope of the Enterprise [J]. *Journal of Economic Behavior & Organization*, 1980, 11 (1): 223-247.

[281] Ten T R, Wolff E N. Outsourcing of Services and the Productivity Recovery in US Manufacturing in the 1980s and 1990s [J]. *Journal of Productivity Analysis*, 2001, 16 (2): 149-165.

[282] Timmers P. Business Models for Electronic Commerce [J]. *Electronic Markets*, 1998, 8 (2): 3-8.

[283] Toffel M W. *Contracting for Servicizing* [D]. Haas School of Business

University of California – Berkeley Working Paper, 2002.

[284] Tukker A. Eight Types of Product Service System: Eight Ways to Sustainability? Experiences from SusProNet [J]. *Business Strategy and the Environment*, 2004, 13 (4): 246 – 260.

[285] Ulaga W, Werner R. Hybrid Offerings: How Manufacturing Firms Combine Goods and Services Successfully [J]. *Journal of Marketing*, 2011, 75 (6): 5 – 23.

[286] Van Biema M, Greenwald B. Managing Our Way to Higher Service-sector Productivity [J]. *Harvard Business Review*, 1997, 75 (4): 87 – 95.

[287] Vandermerwe S, Rada J. Servitization of Business: Adding Value by Adding Services [J]. *European Management Journal*, 1989, 6 (4): 314 – 324.

[288] Vargo S L, Lusch R F. Evolving to a New Dominant Logic for Marketing [J]. *Journal of Marketing*, 2004, 68 (1): 1 – 17.

[289] Visnjic I, Neely A, Wiengarten F. Another Performance Paradox: A Refined View on the Performance Impact of Servitization [J]. *ESADE Business School Research Paper*, 2012 (231).

[290] Walde K. The Economic Determinants of Technology Shocks in a Real Business Cycle Model [J]. *Journal of Economic Dynamics and Control*, 2002, 27 (1): 63 – 74.

[291] Ward Y, Graves A. Through-life Management: The Provision of Integrated Customer Solutions by Aerospace Manufacturers [EB/OL]. Report available at: http://www.bath.ac.uk/management/research/pdf/20, 2005: 05 – 14.

[292] Watanabe C, Hur J Y. Firms Strategy in Shifting to Service-oriented Manufacturing: The Case of Japan's Electrical Machinery Industry [J]. *Journal of Services Research*, 2004, 4 (1): 5 – 22.

[293] Weeks M R, Feeny D. Outsourcing: From Cost Management to Innovation and Business Value [J]. *California Management Review*, 2008, 50 (4):

127 – 146.

[294] Weissenberger M A, Biege S. Design for Industrial Product – Services Combinations—A Literature Review [J]. *Journal of Applied Management and Entrepreneurship*, 2010, 15 (3): 34.

[295] White A L, Stoughton M, Feng L. *Servicizing: The Quiet Transition to Extended Product Responsibility* [M]. Boston: Tellus Institute, 1999.

[296] Williams A. Product Service Systems in the Automobile Industry: Contribution to System Innovation [J]. *Journal of Cleaner Production*, 2007 (15): 11 – 12.

[297] Williamson O E. *Firms, Markets, Relational Contracting* [M]. The Economic Institutions of Capitalism, 1985.

[298] Williamson O E. The New Institutional Economics: Taking Stock, Looking Ahead [J]. *Journal of Economic Literature*, 2000, 38 (3): 595 – 613.

[299] Wintoki M B, Linck J S, Netter J M. Endogeneity and the dynamics of internal corporate governance [J]. *Journal of Financial Economics*, 2012, 105 (3): 581 – 606.

[300] Wise R, Baumgartner P. Go Downstream: the New Profit Imperative in Manufacturing [J]. *Harvard Business Review*, 1999, 77 (5): 133 – 141.

[301] W N Hochertsk. *Towards a Theory of Sustainable Product Service Systems* [R]. INSEAD – CMER Research Workshop on Sustainable Product Service Systems, 2002: 3 – 27.

[302] Wolf B. Industrial Diversification and Internationalization: Some Empirical Evidence [J]. *Journal of Industrial Economics*, 1977, 26 (2): 177 – 191.

[303] Wolfrnayr Y. *Producer Services and Competitiveness of Manufacturing Exports* [R]. The FIW Research Reports, 2008: 1 – 49.

[304] Zhang C, You Y, Gao Z. Empirical Study on the Relationship between Executive Compensation Dispersion and Firm Performance: the Moderating Role of Technology Intensity [J]. *The Journal of High Technology Management*

Research, 2015, 26 (2): 196 - 204.

[305] Zott C, Amit R. Business Model Design and the Performance of Entrepreneurial Firms [J]. *Organization Science*, 2007, 18 (2): 181 - 199.

[306] Zott C, Amit R. The Fit between Product Market Strategy and Business Model: Implications for Firm Performance [J]. *Strategic Management Journal*, 2008 (29): 1 - 26.